Lutz Völker

# Bürgerliches Recht kompakt

# Bürgerliches Recht kompakt

Lutz Völker

Bibliografische Information der Deutschen Nationalbibliothek: Die Deutsche Nationalbibliothek verzeichnet diese Publikation in der Deutschen National-bibliografie; detaillierte bibliografische Daten sind im Internet unter http://dnb.d-nb.de abrufbar.

4. Auflage 2022

© 2022 Lutz Völker

Herstellung und Verlag: BoD - Books on Demand, Norderstedt

ISBN 978-3-8423-7057-9

# Vorwort

Das BGB ist eines der Fundamente unserer Rechtsordnung. Es stellt die Basis des Privatrechts dar, auf dem andere Rechtsgebiete, wie z.B. das Handelsrecht, aufbauen. Allerdings ist das Bürgerliche Recht keine ganz einfache Materie. Es ist durch eine zum Teil schwer verständliche Sprache und hohe Komplexität geprägt. Im vorliegenden Buch wird demjenigen, welcher sich in das BGB einarbeitet, ein kompakter Einstieg ermöglicht. Dabei wird besonderer Wert auf die anschauliche Darstellung des Stoffs anhand zahlreicher Beispiele und Übersichten gelegt. Zur erfolgreichen Erarbeitung des Inhalts ist es ungeachtet dessen unverzichtbar, die jeweils zitierten Vorschriften auch im Gesetz nachzulesen. Der Benutzer des Buchs sollte deshalb stets auch den Text des BGB verfügbar haben.

Zielgruppen sind vor allem Studenten der Wirtschafts- und Sozialwissenschaften und Teilnehmer von IHK-Lehrgängen, z.B. zum „Geprüften Betriebswirt". Das Buch eignet sich auch für Studienanfänger in juristischen Studiengängen, die sich einen ersten Überblick über das Bürgerliche Recht verschaffen wollen. Selbstverständlich werden auch alle Nichtjuristen angesprochen, die einen kompakten und verständlichen, aber trotzdem fundierten Überblick über das BGB benötigen.

Dieses Buch beinhaltet nach einer kurzen Einführung in rechtliche Grundlagen alle fünf Bücher des BGB. Dabei liegt der Schwerpunkt in der Darstellung des Allgemeinen Teils des BGB sowie des Schuld- und Sachenrechts. Das Familien- und Erbrecht wird im Überblick vorgestellt. Abschließend wird die Falllösungstechnik im Bürgerlichen Recht erläutert. Dieser Abschnitt soll die wesentlichen Grundlagen für die Methodik bei der Bearbeitung von Klausuraufgaben legen.

Das Korrekturlesen hat Evelyn Atzler in bewährt zuverlässiger Weise übernommen, der ich an dieser Stelle danken möchte.

April 2022

Lutz Völker

# Inhaltsverzeichnis

# Abkürzungsverzeichnis

| | |
|---|---|
| AEU | Vertrag über die Arbeitsweise der Europäischen Union |
| AG | Aktiengesellschaft |
| AGB | Allgemeine Geschäftsbedingungen |
| AktG | Aktiengesetz |
| Alt. | Alternative |
| Art. | Artikel |
| BAG | Bundesarbeitsgericht |
| BAT | Bundes-Angestelltentarifvertrag |
| BBiG | Berufsbildungsgesetz |
| BeurkG | Beurkundungsgesetz |
| BGB | Bürgerliches Gesetzbuch |
| BGBl. | Bundesgesetzblatt |
| BGH | Bundesgerichtshof |
| BVerfG | Bundesverfassungsgericht |
| bzw. | beziehungsweise |
| c.i.c. | culpa in contrahendo |
| d.h. | das heißt |
| EA | Europäische Atomgemeinschaft |
| EBV | Eigentümer-Besitzer-Verhältnis |
| EG | Europäische Gemeinschaft / Gesetzeszitat der Normen des Vertrags zur Gründung der Europäischen Gemeinschaft |
| EmbrSchG | Embryonenschutzgesetz |
| ErbbauRG | Erbbaurechtsgesetz |
| EU | Europäische Union |
| EuGH | Europäischer Gerichtshof |
| EWG | Europäische Wirtschaftsgemeinschaft |
| ff. | fortfolgende |
| GBO | Grundbuchordnung |
| GbR | Gesellschaft bürgerlichen Rechts |
| GebrMG | Gebrauchsmustergesetz |
| GeschmMG | Geschmacksmustergesetz |
| GG | Grundgesetz |
| ggf. | gegebenenfalls |
| GmbH | Gesellschaft mit beschränkter Haftung |
| GmbHG | Gesetz betreffend die Gesellschaften mit beschränkter Haftung |
| GoA | Geschäftsführung ohne Auftrag |
| GVG | Gerichtsverfassungsgesetz |
| GWB | Gesetz gegen Wettbewerbsbeschränkungen |
| HGB | Handelsgesetzbuch |

| | |
|---|---|
| HinterlegungsO | Hinterlegungsordnung |
| h.M. | herrschende Meinung |
| i.d.R. | in der Regel |
| i.S.d. | im Sinne des |
| i.V.m. | in Verbindung mit |
| i.w.S. | im weiteren Sinne |
| KG | Kommanditgesellschaft |
| KGaA | Kommanditgesellschaft auf Aktien |
| LG | Landgericht |
| LPartG | Lebenspartnerschaftsgesetz |
| MarkenG | Markengesetz |
| NJW | Neue Juristische Wochenzeitschrift |
| Nr. | Nummer |
| o.g. | oben genannt(e) |
| OHG | Offene Handelsgesellschaft |
| OLG | Oberlandesgericht |
| p.a. | per anno (pro Jahr) |
| PatG | Patentgesetz |
| PartGG | Partnerschaftsgesellschaftsgesetz |
| s. | siehe |
| S. | Satz |
| SignaturG | Signaturgesetz |
| StGB | Strafgesetzbuch |
| TVöD | Tarifvertrag für den öffentlichen Dienst |
| TzBfG | Gesetz über Teilzeitarbeit und befristete Arbeitsverträge |
| u.a. | und andere(s) |
| UrhG | Urheberrechtsgesetz |
| usw. | und so weiter |
| v.a. | vor allem |
| vgl. | vergleiche |
| VOB | Vergabe- und Vertragsordnung für Bauleistungen |
| VSD | Vertrag mit Schutzwirkung zugunsten Dritter |
| VVaG | Versicherungsverein auf Gegenseitigkeit |
| z.B. | zum Beispiel |
| ZPO | Zivilprozessordnung |
| z.T. | zum Teil |
| ZVG | Zwangsversteigerungsgesetz |

# Literatur

Alpmann-Pieper, Annegerd/Müller, Frank/Veltmann, Till: Aufbauschemata Zivilrecht/ZPO, 6. Auflage, Münster 2006.

Bähr, Peter: Grundzüge des bürgerlichen Rechts, 12. Auflage, München 2013.

Brox, Hans/Walker, Wolf-Dietrich: Allgemeiner Teil des BGB, 45. Auflage, München 2021.

Brox, Hans/Walker, Wolf-Dietrich: Allgemeines Schuldrecht, 45. Auflage, München 2021.

Brox, Hans/Walker, Wolf-Dietrich: Besonderes Schuldrecht, 45. Auflage, München 2021.

Bundeszentrale für politische Bildung (Hrsg.): Recht 1 Grundlagen des Rechts, 6. Auflage, München 2000.

Däubler, Wolfgang: BGB kompakt, 3. Auflage, München 2008.

Langkamp, Tobias: Das neue Schuldrecht 2022, 1. Auflage, Münster 2022.

Palandt, Otto (Begr.): Bürgerliches Gesetzbuch, 80. Auflage, München 2021.

Pechstein, Christoph: Grundlagen Zivilrecht 1, 4. Auflage, Münster 2006.

Pechstein, Christoph/Bäumer, Michael: Grundlagen Zivilrecht 2, 2. Auflage, Münster 2005.

Preußler, Julia: BGB, 2. Auflage, Planegg 2006.

Spreng, Norman M.: Das neue Mietrecht, 4. Auflage, München 2006.

Völker, Lutz: Arbeits- und Sozialversicherungsrecht kompakt, 12. Auflage, Norderstedt 2022.

# A. Einführung
# I. Öffentliches Recht und Privatrecht

Eine Gesellschaft und somit auch die Wirtschaft benötigen für ihr Funktionieren verbindliche Verhaltensregeln, die allgemein Gültigkeit besitzen. Diese Regeln liefert das Recht in der Form unterschiedlicher Rechtsnormen. Die Summe aller geltenden Rechtsnormen bilden die Rechtsordnung. Das Bürgerliche Recht ist Teil dieser Gesamtrechtsordnung. Um eine Einordnung vornehmen zu können, soll zunächst seine Stellung im Gesamtsystem erörtert werden.

Im deutschen Recht werden zwei große Gebiete unterschieden: das öffentliche Recht und das Privatrecht. Diese Unterscheidung geht bereits auf das römische Recht zurück. Beide Gebiete sind durch unterschiedliche Merkmale gekennzeichnet:

| Privatrecht | Öffentliches Recht |
|---|---|
| Regelung der rechtlichen Beziehungen zwischen Personen untereinander | Regelung der rechtlichen Beziehungen zwischen Bürger und Staat |
| Gleichstellung | Über-/Unterordnung |
| Überwiegend dispositives Recht, d.h. Abreden haben Vorrang vor gesetzlichen Regelungen | Zwingendes Recht |

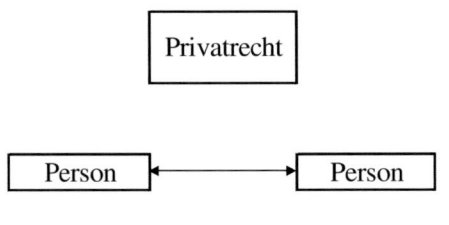

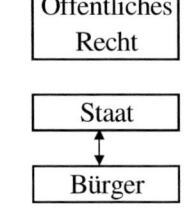

**Beispiele:**
Kurt kauft von Victor dessen gebrauchten Pkw. Der Verkauf unterliegt dem Privatrecht. Die konkrete Ausgestaltung des Kaufvertrags unterliegt damit weitgehend der Vertragsfreiheit. So kann z.B. vertraglich die Gewährleistung ausgeschlossen werden.
Erlässt das Finanzamt Erfurt einen Einkommensteuerbescheid für den Steuerpflichtigen Ärmlich, ist dieser der hoheitlichen Gewalt unterworfen.

Welche der einzelnen Rechtsgebiete ins öffentliche bzw. ins Privatrecht gehören, zeigt die folgende Abbildung.[1]

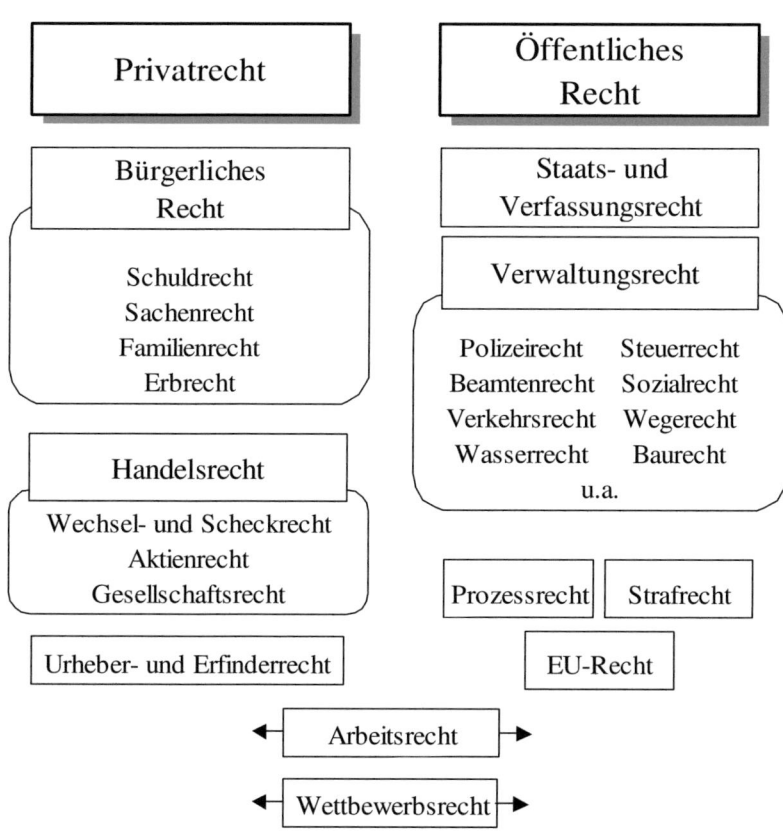

[1] In Anlehnung an: *Bundeszentrale für politische Bildung (Hrsg.)*: Recht 1 Grundlagen des Rechts, München 2000, S. 24.

## II. Rechtsquellen und Rechtsnormen

Wo sind nun konkrete rechtliche Bestimmungen (Rechtsnormen) zu finden? Diese sind in unterschiedlichen **Rechtsquellen** enthalten:

| | |
|---|---|
| **Grundgesetz** | Grundlage der Rechtsordnung der Bundesrepublik |
| **Gesetze** | in einem grundgesetzlich festgelegten Verfahren durch das Parlament (Legislative) beschlossen (Art. 77 GG) |
| **Rechts-verordnungen** | aufgrund von Gesetzen vom legitimierten Regierungsorgan (Exekutive) erlassen (Art. 80 GG) |
| **Verwaltungs-vorschriften** | Vorschriften, die eine Verwaltungsstelle zur Regelung des Verhaltens von Behörden erlässt (Art. 84 II GG) |
| **Satzungen** | Körperschaften des öffentlichen Rechts können im Rahmen ihrer Zuständigkeit Normen zur Regelung ihrer eigenen Angelegenheiten erlassen |
| **Gewohnheits-recht** | Durch ständige Rechtsprechung und die Rechtslehre entstandene, durch die Rechtsordnung anerkannte Regeln |

-------------------------------------------------------------------------------------

| | |
|---|---|
| **Rechtsprechung** | Unmittelbare Bindung nur für die Prozessbeteiligten, aber wichtige Quelle hinsichtlich der Anwendung und Auslegung des geltenden Rechts |

Das Grundgesetz stellt die Basis der Rechtsordnung dar. Es regelt neben dem Staatorganisationsrecht insbesondere die Grundrechte. Die Grundrechte gelten jedoch nach h.M. im bürgerlichen Recht nicht unmittelbar. Über die Generalklauseln des Zivilrechts, insbesondere die §§ 138, 242 und 315 BGB, haben sie aber mittelbare Drittwirkung.[2] Generalklauseln und unbestimmte Rechtsbegriffe sind bei ihrer Anwendung verfassungskonform auszulegen.

Wichtigste Rechtsquelle des bürgerlichen Rechts ist das Bürgerliche Gesetzbuch (BGB). Das BGB wird durch zahlreiche Nebengesetze ergänzt, z.B. das Produkthaftungsgesetz, das Wohnungseigentumsgesetz und das Lebenspartnerschaftsgesetz. Auf dem BGB bauen spezielle privatrechtliche Gesetze, wie z.B. das HGB, auf.

---

[2] Grundlegend zur Drittwirkung der Grundrechte *BVerfG*, Urteil vom 15. Januar 1958 – 1 BvR 400/51.

Verordnungen spielen im Bereich des Privatrechts nur eine untergeordnete Rolle, als Beispiel sei die BGB-Informationspflichtenverordnung genannt.

Gewohnheitsrechtliche Regeln sind auch im bürgerlichen Recht von Bedeutung. Hierunter fallen z.b. die Drittschadensliquidation und der Vertrag mit Schutzwirkung zugunsten Dritter. Einige bis dahin gewohnheitsrechtlich anerkannte Rechtsinstitute wurden im Rahmen der Schuldrechtsreform[3] von 2001 im BGB kodifiziert, z.b. die culpa in contrahendo in § 311 II BGB, die positive Vertragsverletzung in § 280 I BGB und die Störung der Geschäftsgrundlage in § 313 BGB.

Für die Rechtsprechung in bürgerlichen Rechtsstreitigkeiten sind die ordentlichen Gerichte – Amtsgericht, Landgericht, Oberlandesgericht und die Zivilsenate des Bundesgerichtshofs – zuständig (§ 13 GVG).

Die übrigen genannten Rechtsquellen sind im bürgerlichen Recht von geringer Bedeutung.

Zunehmende Bedeutung innerhalb der deutschen Rechtsordnung erlangt das europäische Gemeinschaftsrecht. Richtlinien der Europäischen Gemeinschaft sind in der Gesetzgebung zu berücksichtigen und müssen bei der Gesetzesauslegung beachtet werden, wenn ein Gesetz auf einem europarechtlichen Hintergrund basiert.

Im Gemeinschaftsrecht ist zwischen Primärrecht und Sekundärrecht zu unterscheiden.

**Primäres** Gemeinschaftsrecht sind vor allem die Gründungsverträge der EG, aktuell der Vertrag über die Arbeitsweise der Europäischen Union – AEU (vor dem Vertrag von Lissabon: Vertrag zur Gründung der Europäischen Gemeinschaft – EG), die EA (Europäische Atomgemeinschaft) sowie der EU-Vertrag.

Grundsätzlich begründet das primäre Gemeinschaftsrecht nur Rechte und Pflichten der Mitgliedstaaten und der Organe der EU. Nur wenige Bestimmungen sind jedoch auch unmittelbar zugunsten der einzelnen Unionsbürger anwendbar.

**Sekundäres** Gemeinschaftsrecht umfasst die rechtlichen Regelungen, welche aufgrund einer Ermächtigung im primären Gemeinschaftsrecht von Organen der EU (Rat oder Kommission) erlassen werden.

---

[3] Gesetz zur Modernisierung des Schuldrechts vom 26.11.2001, BGBl. I, S. 3138.

Der AEU unterscheidet verschiedene Arten sekundärer Rechtsnormen, insbesondere:

- **Verordnungen** (Art. 288 II AEU)
- **Richtlinien** (Art. 288 III AEU).

- Verordnungen
Verordnungen sind unmittelbar geltende Rechtsnormen, die von den jeweils zuständigen Organen der Gemeinschaft erlassen werden.
Verordnungen begründen unmittelbar - d.h. ohne weiteren mitgliedstaatlichen Umsetzungsakt - Rechte und Pflichten der Mitgliedstaaten und ihrer Staatsbürger. Sie sind daher von den Behörden und Gerichten der Mitgliedstaaten ohne weiteres zu berücksichtigen und anzuwenden.

Mitgliedstaatliche Rechts- und Verwaltungsvorschriften sind nur insoweit zulässig, als sie in der Verordnung selbst vorgesehen oder sonst zu ihrer wirksamen Durchführung erforderlich sind.

- Richtlinien
Richtlinien sind Rechtsnormen, die für jeden Mitgliedstaat, an den sie gerichtet sind, hinsichtlich des zu erreichenden Ziels verbindlich sind. Den Mitgliedstaaten wird jedoch für die Art der Umsetzung grundsätzlich ein Gestaltungsspielraum eingeräumt. Richtlinien sind also grundsätzlich nur für die Mitgliedstaaten, nicht für deren Bürger verbindlich (sofern sie nicht ausnahmsweise unmittelbar anwendbare Bestimmungen enthalten).

Richtlinien sind von den Mitgliedstaaten fristgerecht und vollständig umzusetzen. Im Verhältnis zwischen Staat und Bürger kann eine nicht oder unzureichend umgesetzte Richtlinie unmittelbare – vertikale – Wirkung entfalten, wenn sie inhaltlich unbedingt und hinreichend bestimmt ist. Zu Lasten des Bürgers gilt die unmittelbare Wirkung von Richtlinien hingegen nicht. Richtlinien begründen daher keine unmittelbare – horizontale – Wirkung zwischen Privaten. Die nationalen Gerichte haben aber eine richtlinienkonforme Anwendung des nationalen Rechts im Wege der Auslegung zu sichern.

Verordnungen spielen im Bereich des bürgerlichen Rechts nur eine untergeordnete Rolle. Bedeutsam sind vor allem die Rom-I-Verordnung[4], die Rom-II-Verordnung[5] und die Rom-III-Verordnung[6], welche das internationale Recht der vertraglichen und außervertraglichen Schuldverhältnisse regeln.

---

[4] Verordnung (EG) Nr. 593/2008 vom 17. Juni 2008.
[5] Verordnung (EG) Nr. 864/2007 vom 11. Juli 2007.
[6] Verordnung (EU) Nr. 1259/2010 vom 20. Dezember 2010.

Einen wesentlich größeren Einfluss auf das bürgerliche Recht haben zahlreiche **Richtlinien**, insbesondere **zum Verbraucherschutz**.

So dienen z.B. die §§ 312 ff. BGB zu Haustürgeschäften, Fernabsatzverträgen und zum elektronischen Geschäftsverkehr der Umsetzung der Richtlinien 85/577/EWG vom 20.12.1985, 97/7/EG vom 20.5.1997, 2000/31/EG vom 8.6.2000 und 2011/83/EU vom 25. Oktober 2011.

Die Neuregelung des Kaufrechts, insbesondere bezüglich des Verbrauchsgüterkaufs, dient u.a. der Umsetzung der Richtlinie 1999/44/EG vom 25.5.1999.

Auch die §§ 651a ff. BGB zum Pauschalreisevertrag basieren auf EU-Recht, Grundlage ist die Richtlinie (EU) 2015/2302 vom 25.11.2015.

Als **Rechtsnormen** (Gesetze im materiellen Sinne) werden abstrakte (d.h. für viele Lebenssachverhalte geltende), generelle (d.h. für viele Personen geltende) Regelungen, bezeichnet. Zu den Rechtsnormen zählen insbesondere Bestimmungen in Gesetzen (im formellen Sinn), Verordnungen und Satzungen sowie gewohnheitsrechtliche Regeln.

Rechtsnormen lassen sich nach ihrem Gegenstand in verschiedene **Arten** einteilen:

- Anspruchsnormen (z.B. § 433 BGB)
  Normen, die das Recht begründen, von einem anderen ein Tun oder Unterlassen zu verlangen

- Gegennormen (z.B. § 142 BGB)
  Normen, welche die Entstehung eines Anspruchs verhindern, diesen erlöschen lassen oder ein Leistungsverweigerungsrecht begründen

- Definitionsnormen (z.B. § 90 BGB)
  Normen, die Rechtsbegriffe allgemein definieren

Wie sind Rechtsnormen typischerweise aufgebaut? Grundsätzlich besteht eine Rechtsnorm aus Tatbestand und Rechtsfolge.

Um die Anwendung auf möglichst viele Lebenssachverhalte zu ermöglichen, sind die gesetzlich formulierten Tatbestände abstrakt und müssen einem konkreten Fall erst zugeordnet werden, indem die einzelnen Tatbestandsmerkmale sachverhaltsbezogen überprüft werden (Subsumtion).

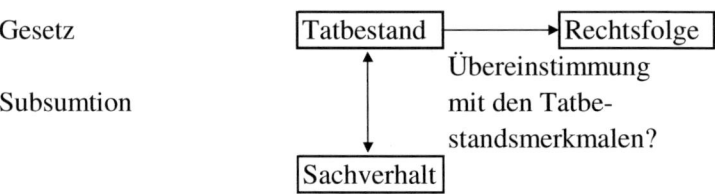

**Beispiel:**
Beim Fußballspielen schießt der 18-jährige Hagen dem Ladeninhaber Zorn eine Schaufensterscheibe ein. Welche Ansprüche kann Zorn gegenüber Hagen geltend machen?

Dazu bestimmt § 823 I BGB: Wer (=Hagen) ... fahrlässig (=mangelnde Sorgfalt, § 276 BGB) ... das Eigentum (=Scheibe) ... eines anderen (=Zorn) widerrechtlich (=kein Rechtfertigungsgrund) verletzt (=Handlung des Hagen verursacht die Zerstörung) [Tatbestand], ist dem anderen zum Ersatz des daraus entstandenen Schadens verpflichtet. [Rechtsfolge]

Einzelheiten zur Bearbeitung von zivilrechtlichen Fällen werden im Kapitel G. dargestellt.

# III.    Historische Entwicklung

Vor dem Inkrafttreten des BGB herrschte nach der Gründung des deutschen Reichs 1871 eine starke Rechtszersplitterung. Neben dem Allgemeinen preussischen Landrecht galten u.a. der napoleonische code civil, das Badische Landrecht, das Gemeine Recht und das sächsische BGB. Die bereits vor der Reichsgründung aufgekommene Forderung nach einer einheitlichen Kodifizierung des Zivilrechts verstärkten sich nach der Reichsgründung.

1873 beschlossen Reichstag und Bundesrat die Ausarbeitung eines bürgerlichen Gesetzbuchs. Die 1. Kommission wurde 1874 einberufen und legte 1888 den 1. Entwurf vor. Dieser wurde u.a. als unzeitgemäß und schwer verständlich kritisiert. Eine 1890 einberufene 2. Kommission legte 1895 den 2. Entwurf vor. Dieser wurde mit geringen Änderungen  beschlossen und am 18. August 1896 verkündet. Das BGB trat am 1. Januar 1900 zusammen mit dem EGBGB, welches Übergangsbestimmungen und das internationale Privatrecht regelt, in Kraft.

In den Jahren der Kaiserzeit und der Weimarer Republik wurde am Text des BGB wenig geändert, auf Basis der Generalklauseln wurden aber gewohnheitsrechtliche Regelungen, wie etwa die positive Vertragsverletzung oder der Wegfall der Geschäftsgrundlage entwickelt.

In der Zeit des Nationalsozialismus wurde insbesondere das Erb- und Familienrecht im Sinne der nationalsozialistischen Ideologie geändert. Das Eherecht wurde 1938 durch das Ehegesetz aus dem BGB herausgenommen. Dieses galt nach 1945 nach einer Entnazifizierung zunächst fort und wurde erst 1998 wieder vollständig in des BGB integriert. In der Zeit ab 1957 wurde das Familienrecht schrittweise an heutige Wertvorstellungen angepasst und modernisiert. Der aktuellste Schritt in dieser Richtung ist die Anerkennung der gleichgeschlechtlichen Ehe seit dem 1. Oktober 2017.[7]

Eine weitere Entwicklungstendenz war die Berücksichtigung des Verbraucherschutzes im Rahmen des BGB. Dazu wurden zunächst Gesetze außerhalb des BGB, wie z.B. das AGB-Gesetz von 1976 und das Haustürwiderrufsgesetz von 1986 erlassen. Zwischenzeitlich sind diese Gesetze weitgehend wieder aufgehoben und ins BGB aufgenommen worden. Grundlegend reformiert wurde auch das Mietrecht im Rahmen des Mietrechtsreformgesetzes[8] von 2001.

---

[7]   Gesetz zur Einführung des Rechts auf Eheschließung für Personen gleichen Geschlechts vom 20.07.2017, BGBl. I, S. 2787.

[8]   Mietrechtsreformgesetz vom 19.06. 2001, BGBl. I, S. 1149.

In jüngerer Zeit hat sich vor allem der Einfluss des Europäischen Gemeinschaftsrechts verstärkt auf das BGB ausgewirkt. Die tiefgreifendste Reform des BGB – die Schuldrechtsmodernisierung – ist zum 1. Januar 2002 in Kraft getreten.[9] Im Rahmen dieser Reform wurden zahlreiche Richtlinien der EU zum Verbraucherschutz umgesetzt. Weiterhin wurden zahlreiche der angesprochenen Nebengesetze ins BGB integriert und gewohnheitsrechtliche Regelungen ausdrücklich gesetzlich geregelt. Durch diese Reform wurde u.a. das Verjährungsrecht, das Leistungsstörungsrecht und das Kaufrecht grundlegend reformiert. Unmittelbar nach der Schuldrechtsreform ist zum 1. August 2002 die Schadensersatzreform[10] in Kraft getreten.

Die Tendenz des zunehmenden EU-Einflusses hat sich bis in die jüngste Zeit fortgesetzt, etwa mit der Umsetzung der Verbraucherrechte-Richtlinie[11] im Jahr 2014 und der Umsetzung der Pauschalreise-Richtlinie im Jahr 2018.[12]

Mit dem Gesetz zur Regelung des Verkaufs von Sachen mit digitalen Inhalten und anderen Aspekten des Kaufvertrags[13] sowie dem Gesetz zur Umsetzung der Richtlinie über bestimmte vertragsrechtliche Aspekte der Bereitstellung digitaler Inhalte und digitaler Dienstleistungen[14] wurden mit Wirkung zum 1. Januar 2022 erneut zwei EU-Richtlinien[15] umgesetzt, welche u.a. wesentliche Aspekte des Kaufrechts regeln.

---

[9]  Gesetz zur Modernisierung des Schuldrechts vom 26.11.2001, BGBl. I, S. 3138.
[10]  Schadensrechtsänderungsgesetz vom 19.07.02, BGBl. I, S. 2674.
[11]  Richtlinie 2011/83/EU vom 25.11.2011.
[12]  Richtlinie (EU) 2015/2302 vom 25.11.2015.
[13]  BGBl. I 2021, S. 2133.
[14]  BGBl. I 2021, S. 2123.
[15]  Richtlinie (EU) 2019/770 vom 20.05.2019 und Richtlinie (EU) 2019/771 vom 20.05.2019.

# IV.   Aufbau und Prinzipien des BGB

Für das Verständnis des BGB ist dessen Aufbau zu beachten. Geregelt werden vier Rechtsgebiete – das Schuld-, Sachen-, Familien- und Erbrecht. Da für alle vier Gebiete gleiche Grundlagen gelten, sind diese in einem Allgemeinen Teil den anderen Teilen vorangestellt, quasi „vor die Klammer gezogen". Daraus ergibt sich die Einteilung in die fünf Bücher des BGB. Innerhalb des BGB sowie innerhalb der Bücher gilt die Systematik „vom Allgemeinen zum Besonderen".

| 1. Buch | **Allgemeiner Teil** | Regelungen zu Rechtssubjekten und Rechtsobjekten, Rechtsgeschäften und Willenserklärungen, Fristen und Termine sowie zur Verjährung |
|---------|----------------------|----------|
| 2. Buch | **Schuldrecht** | Allgemeine Bestimmungen für alle Schuldverhältnisse, Bestimmungen für einzelne Schuldverhältnisse |
| 3. Buch | **Sachenrecht** | Rechtliche Beziehungen zwischen Personen und Sachen |
| 4. Buch | **Familienrecht** | Ehe, Verwandtschaft, rechtliche Stellung der Ehegatten und Verwandten untereinander |
| 5. Buch | **Erbrecht** | Regelungen der Rechtsnachfolge von Todes wegen |

Schuldrecht Besond. Teil | Sachenrecht | Familienrecht | Erbrecht

Schuldrecht Allgem. Teil

**BGB Allgemeiner Teil**

Das BGB ist durch einige Grundprinzipien gekennzeichnet, welche sich wie ein „roter Faden" durch das BGB ziehen.

Das erste zentrale Prinzip ist die **Privatautonomie**, welche aus der allgemeinen Handlungsfreiheit, Art. 2 I GG, abgeleitet wird. Dieser Grundsatz beinhaltet das Recht jedes Menschen, seine Rechtsverhältnisse im Rahmen der Rechtsordnung eigenverantwortlich zu gestalten. Seine Ausprägung findet das Prinzip u.a. in der Vertragsfreiheit (§ 311 I BGB), der Eigentumsfreiheit (§ 903 BGB) und der Testierfreiheit (§ 1937 BGB). Schranken der Privatautonomie finden sich u.a. in gesetzlichen Verboten (§ 134 BGB), bei Sittenwidrigkeit (§ 138 BGB) oder bei Kontrahierungszwängen (z.b. § 22 PBefG).

Ein zweites Grundprinzip ist die **Verbindlichkeit von Vereinbarungen** (pacta sunt servanda). Wurden vertragliche Vereinbarungen getroffen, sind diese für die Vertragspartner bindend. Ausnahmen bestehen u.a. bei Willensmängeln in Form der Anfechtungsrechte (§§ 119 ff. BGB) sowie in Form von Widerrufsrechten (§ 355 BGB) bei bestimmten Verbraucherverträgen (§§ 312 ff. BGB).

Der dritte Grundsatz ist das **Trennungs- und Abstraktionsprinzip**. Danach ist strikt zwischen Verpflichtungs- und Verfügungsgeschäften zu trennen. Verpflichtungsgeschäfte begründen Rechte und Pflichten zwischen Personen und sind im Schuldrecht geregelt. Durch ein Verfügungsgeschäft wird ein bestehendes Recht übertragen, verändert oder aufgehoben. Die Eigentumsübertragung ist z.b. im Sachenrecht geregelt.

Das vierte wesentliche Prinzip des Bürgerlichen Rechts ist der **Verschuldensgrundsatz** im Haftungsrecht. Danach setzt ein Anspruch auf Schadensersatz schuldhaftes Handeln des Schädigers voraus (§§ 280 I S. 2, 823 I BGB). Durchbrochen wird dieser Grundsatz im Rahmen der Gefährdungshaftung, z.B. des Tierhalters (§ 833 BGB), des Kraftfahrzeughalters (§ 7 I StVG) oder des Herstellers fehlerhafter Produkte (§ 1 ProdHaftG).

# B. Allgemeiner Teil des BGB
## I. Rechtssubjekte und Rechtsobjekte

Im Recht werden Rechtssubjekte (wer kann Rechte/Pflichten haben) und Rechtsobjekte (was kann Gegenstand eines Rechts sein) unterschieden.

Rechtsobjekte sind **Sachen** (§ 90 BGB)**, Tiere** (§ 90a BGB), **Immaterialgüter und Rechte.**

Sachen sind ausschließlich körperliche Gegenstände. Tiere sind zwar keine Sachen (§ 90a S. 1 BGB), werden diesen bürgerlich-rechtlich jedoch weitgehend gleich gestellt (§ 90a S. 3 BGB).

Zu den Immaterialgütern zählen insbesondere Werke im Sinne der §§ 1 ff. UrhG, technische Erfindungen (PatG, GebrMG), Design (DesignG) und Marken (MarkenG).

Rechte sind z.B. dingliche Rechte wie das Eigentum sowie Forderungen.

Rechtssubjekte sind **Personen** und **rechtsfähige Personengesellschaften.**

Die Personen lassen sich in **natürliche und juristische Personen** unterscheiden.

Natürliche Person ist jeder lebende Mensch.

Juristische Personen sind Personenvereinigungen und Vermögensmassen, die als selbständige Rechtsträger anerkannt sind.

Zu den juristischen Personen des Privatrechts gehören insbesondere der rechtsfähige Verein (§§ 21 ff. BGB), die Stiftung (§§ 80 ff. BGB), die Kapitalgesellschaften (GmbH, AG, KGaA), Genossenschaften sowie der Versicherungsverein auf Gegenseitigkeit (VVaG).

Juristische Personen des öffentlichen Rechts (§ 89 BGB) sind die öffentlich-rechtlichen Körperschaften (Bund, Länder, Gemeinden, IHK usw.) sowie Anstalten (Sparkassen, Rundfunkanstalten) und Stiftungen des öffentlichen Rechts.

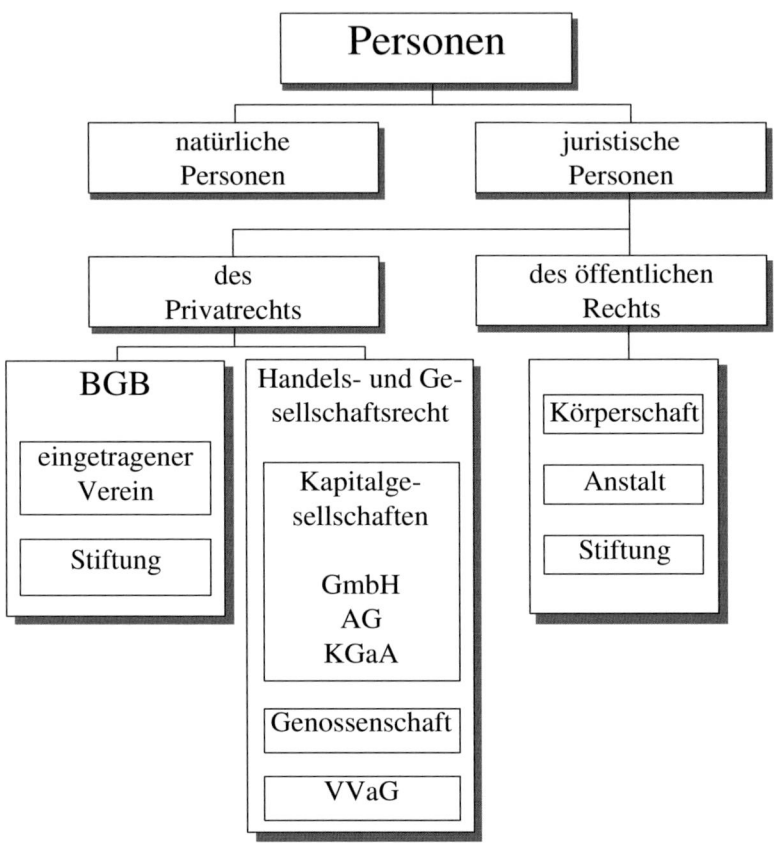

Rechtsfähige Personengesellschaften sind keine juristischen Personen, können aber Träger von Rechten und Pflichten sein. Rechtsfähige Personengesellschaften sind die offene Handelsgesellschaft (OHG), die Kommanditgesellschaft (KG), die Partnerschaftsgesellschaft und die Gesellschaft bürgerlichen Rechts (GbR).

Die Rechtsfähigkeit der OHG und der KG ist in § 124 I HGB ausdrücklich geregelt, auf den § 7 II PartGG für die Partnerschaftsgesellschaft ebenfalls verweist.

Demgegenüber war die Rechtsfähigkeit der GbR lange umstritten. Inzwischen wird jedoch auch die GbR nach h.M. und Rechtsprechung[16] als rechtsfähig anerkannt, soweit sie im Außenverhältnis als Gesellschaft handelt.

Bei Personen und den rechtsfähigen Personengesellschaften unterscheidet das BGB **Verbraucher** (§ 13 BGB) und **Unternehmer** (§ 14 BGB).

Verbraucher ist nach § 13 BGB eine natürliche Person, die ein Rechtsgeschäft tätigt, welches überwiegend Zwecken dient, die nicht zu deren gewerblicher oder selbständiger beruflicher Tätigkeit gehört. Juristische Personen oder rechtsfähige Personengesellschaften können niemals Verbraucher sein.

Unternehmer ist nach § 14 BGB eine natürliche oder juristische Person oder eine rechtsfähige Personengesellschaft, welche ein zur gewerblichen oder selbständigen beruflichen Tätigkeit gehörendes Rechtsgeschäft tätigt.

An der Unterscheidung zwischen Unternehmer und Verbraucher knüpfen vor allem die Regelungen zum Verbraucherschutz an.[17]

---

[16] *BGH*, Urteil vom 29. Januar 2001 – II ZR 331/00.
[17] Zu den Einzelheiten vgl. Kapitel C.I.5.

## II. Rechts- und Geschäftsfähigkeit

Personen sind durch ihre **Rechtsfähigkeit** gekennzeichnet, d.h. sie können Träger von Rechten und Pflichten sein.

Die Rechtsfähigkeit von natürlichen Personen beginnt mit der Geburt (§ 1 BGB) und endet mit dem Tod. Eine juristische Person erlangt die Rechtsfähigkeit durch staatliche Verleihung, i.d.R. durch Eintragung in das entsprechende Register (z.B. Vereinsregister beim e.V. § 21 BGB, Handelsregister bei der GmbH §§ 11, 13 GmbHG) und verliert sie durch Löschung aus diesem.

Von der Rechtsfähigkeit zu unterscheiden ist die Handlungsfähigkeit, d.h. die Fähigkeit durch eigene Handlungen Rechtsfolgen herbeiführen zu können. Die Handlungsfähigkeit umfasst die Geschäftsfähigkeit und die Deliktfähigkeit.

**Deliktfähigkeit** ist die zivilrechtliche Verantwortlichkeit für Schäden, welche durch unerlaubte Handlungen (§§ 823 ff. BGB) verursacht werden.[18]

Die **Geschäftsfähigkeit**, welche den selbständigen, rechtsgeschäftlichen Erwerb von Rechten und Pflichten ermöglicht, ist bei natürlichen Personen in unterschiedlichen Stufen, insbesondere in Abhängigkeit vom Alter gegeben. Diesbezüglich sind die §§ 104 ff. BGB zu beachten:

Geschäftsunfähig ist, wer das 7. Lebensjahr noch nicht vollendet hat bzw. wer aufgrund dauernder Geistesstörung seinen Willen nicht frei bestimmen kann (§ 104 BGB). Willenserklärungen von Geschäftsunfähigen sind nichtig (§ 105 I BGB). Folglich können Geschäftsunfähige keine Rechte oder Pflichten per Rechtsgeschäft begründen. Für Geschäftsunfähige können nur deren gesetzliche Vertreter (Eltern, § 1629 oder Betreuer, § 1902 BGB) handeln.

Nichtig ist auch eine Willenserklärung, die von einem Bewusstlosen oder vorübergehend Geistesgestörten abgegeben wird (§ 105 II BGB).

Beschränkt geschäftsfähig ist, wer das 7., nicht aber das 18. Lebensjahr vollendet hat (§§ 106, 2 BGB).

Verträge beschränkt Geschäftsfähiger sind zustimmungsbedürftig (Begriff: §§ 182-184 BGB).

---

[18] Zu den Einzelheiten vgl. Kapitel C. II. 2. c).

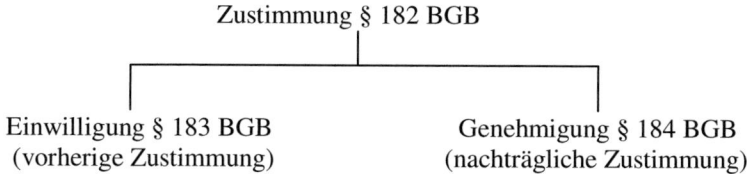

Rechtsgeschäfte, welche mit Pflichten verbunden sind, können von beschränkt Geschäftsfähigen nur mit **Einwilligung** der gesetzlichen Vertreter (i.d.R. beide Eltern, § 1629 BGB) abgeschlossen werden (§ 107 BGB).

Schließt der Minderjährige einen Vertrag ohne die erforderliche Einwilligung, so hängt die Wirksamkeit von der Genehmigung des Vertreters ab (§ 108 I BGB), der Vertrag ist schwebend unwirksam. Wird der Minderjährige während des Schwebezustands volljährig, kann er selbst genehmigen (§ 108 III BGB).

**Beispiel:**
Der 17jährige Holger kauft sich ohne Wissen seiner Eltern einen Computer für 499 € beim Händler Hard. Als die Eltern von dem Kauf erfahren, verweigern sie die Genehmigung.
Der zunächst aufgrund der fehlenden Einwilligung (§ 107 BGB) schwebend unwirksame Vertrag wird durch die verweigerte Genehmigung entgültig unwirksam. Hard muss den Computer gegen Rückzahlung der 499 € zurücknehmen. (§§ 106, 108 I, 812 I BGB)

Fordert der Geschäftspartner des Minderjährigen dessen Vertreter zur Genehmigung auf, so kann diese nur ihm gegenüber binnen zwei Wochen erklärt werden, sonst gilt sie als verweigert (§ 108 II BGB). Bis zur Genehmigung besteht ein Widerrufsrecht, es sei denn, dem Vertragspartner war die Minderjährigkeit bekannt (§ 109 BGB).

Einseitige Rechtsgeschäfte sind generell nur mit Einwilligung wirksam, § 111 BGB.

Vom Grundsatz der Zustimmungsbedürftigkeit gibt es einige wichtige Ausnahmen:

• Lediglich **rechtlich** vorteilhafte Geschäfte, § 107 BGB.
  Ein lediglich rechtlicher Vorteil liegt vor, wenn dem Minderjährigen Rechte, aber keine Pflichten entstehen. Dies ist z.B. bei einer einfachen Handschenkung gegeben (§ 516 BGB)

- Erfüllung mit zur freien oder zu diesem Zweck zur Verfügung gestellten Mitteln („Taschengeld"), § 110 BGB.
  Überlässt der gesetzliche Vertreter oder mit dessen Zustimmung ein Dritter dem Minderjährigen Mittel zur freien Verfügung oder zu einem bestimmten Zweck, so ist darin ein Sonderfall der Einwilligung in diesbezügliche Rechtsgeschäfte zu sehen. Voraussetzung ist, dass die geschuldete Leistung aus den überlassenen Mitteln vollständig bewirkt wird. Nicht erfasst werden somit Abzahlungs- oder Kreditgeschäfte.

- Geschäfte im Rahmen eines mit Einwilligung des gesetzlichen Vertreters und Genehmigung des Familiengerichts betriebenen selbständigen Erwerbsgeschäfts nach § 112 BGB.
  Dies gilt nicht für Rechtsgeschäfte, für die der Vertreter die Genehmigung des Familiengerichts benötigt (§§ 1643, 1821 f. BGB).

- Geschäfte im Rahmen eines Arbeitsverhältnisses sowie dessen Beendigung und Abschluss eines gleichartigen Arbeitsvertrags, wenn der gesetzliche Vertreter in den ersten Arbeitsvertrag eingewilligt hat gemäß § 113 BGB.
  Die partielle Geschäftsfähigkeit nach § 113 BGB erfasst Arbeitsverhältnisse, nicht jedoch Berufsausbildungsverhältnisse.

**Beispiel**:
Eltern gestatten ihrem 16-jährigen Sohn, einen Arbeitsvertrag mit einem örtlichen Zeitungsverlag abzuschließen, in dem er sich verpflichtet, für 2 Stunden pro Woche ein Wochenblatt auszutragen.
Der Minderjährige kann nach § 113 BGB den Arbeitsvertrag ohne erneute Zustimmung kündigen und z.B. einen Vertrag mit einer Werbefirma abschließen, in dem er sich verpflichtet, für zwei Stunden wöchentlich Werbeprospekte zuzustellen. Eine Tätigkeit z.B. als Bauhelfer wäre hingegen durch § 113 BGB nicht gedeckt, da es sich nicht um ein Arbeitsverhältnis der gestatteten Art handelt.

Sonderfälle der Geschäftsfähigkeit sind die Ehemündigkeit (§ 1303 BGB) und die Testierfähigkeit (§ 2229 BGB).

## III. Rechtsgeschäft und Willenserklärung

Um die rechtlichen Beziehungen zwischen Personen zu ändern, sind i.d.R. **Rechtsgeschäfte** erforderlich. Ein Rechtsgeschäft ist das Handeln von Personen durch eine oder mehrere Willenserklärungen zur Herbeiführung einer Rechtsfolge.

Von den Rechtsgeschäften sind **Realakte** zu unterscheiden. Dabei handelt es sich um tatsächliche Handlungen, an die Rechtsfolgen geknüpft werden, ohne dass es notwendigerweise auf den Willen ankommt.

**Beispiele:**
Besitzerlangung (§ 854 BGB), Eigentumserwerb durch Verbindung mit einem Grundstück (§ 946 BGB)

Rechtsgeschäfte lassen sich nach der Zahl der Beteiligten folgendermaßen einteilen:

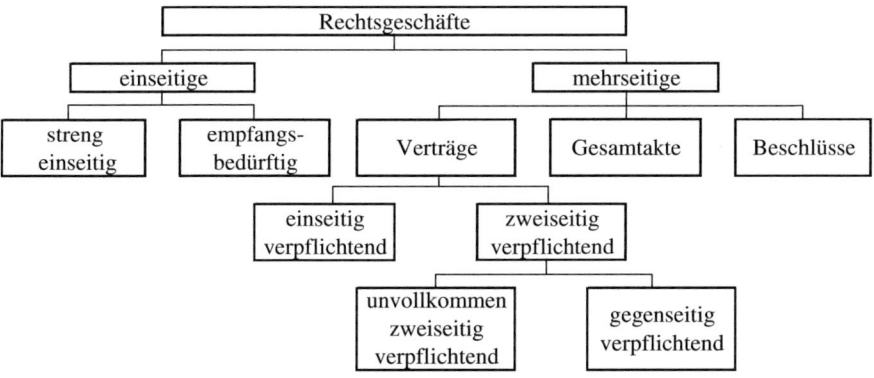

Einseitige Rechtsgeschäfte erfordern lediglich eine Willenserklärung. Für das wirksame Zustandekommen eines streng einseitigen Rechtsgeschäfts bedarf es lediglich der Abgabe einer Willenserklärung, unabhängig von der Kenntnis einer weiteren Person.

**Beispiele:** Testament (§ 1937 BGB), Auslobung (§ 657 BGB)

Ein einseitiges, empfangsbedürftiges Rechtsgeschäft wird mit Zugang (§ 130 BGB) wirksam.

**Beispiele:** Kündigung (z.B. § 314 BGB), Anfechtung (§ 143 BGB)

Beschlüsse sind gleich gerichtete Willenserklärungen mehrerer Personen in Personenvereinigungen.

**Beispiel:**
Die Mitglieder einer GbR beschließen die Auflösung der Gesellschaft.

Gesamtakte sind übereinstimmende Willenserklärungen, die auf den gleichen Zweck gerichtet sind.

**Beispiel:**
Die Mitglieder einer Wohngemeinschaft, die eine Wohnung gemeinschaftlich gemietet haben, geben jeweils Kündigungserklärungen gegenüber dem Vermieter ab.

Verträge setzen mindestens zwei übereinstimmende, aufeinander bezogene Willenserklärungen voraus. Bei einseitig verpflichtenden Verträgen hat nur eine Vertragpartei Pflichten.

**Beispiele:** Schenkung (§ 516 BGB), Bürgschaft (§ 765 BGB)

Bei unvollkommen zweiseitigen Verträgen entstehen für eine Vertragspartei in jedem Fall Pflichten, für die andere aber nicht notwendigerweise.

**Beispiel:**
Bei einem Auftrag entstehen in jedem Fall Pflichten für den Beauftragten (§ 662 BGB), nur wenn der Beauftragte notwendige Aufwendungen hatte, ist der Auftraggeber zu deren Ersatz verpflichtet (§ 670 BGB).

Gegenseitig verpflichtende Verträge sind dadurch gekennzeichnet, dass eine Leistung gerade deshalb erbracht wird, um die Gegenleistung zu erlangen (Synallagma). Für diese Verträge gelten die besonderen Vorschriften der §§ 320 – 326 BGB.

**Beispiele:** Kaufvertrag (§ 433 BGB), Mietvertrag (§ 535 BGB), Werkvertrag (§ 631 BGB)

Eine weitere Einteilung betrifft die Rechtsfolge. Hiernach sind **Verpflichtungs- und Verfügungsgeschäfte** zu unterscheiden. Durch das Verpflichtungsgeschäft werden Rechte und Pflichten begründet, durch das Verfügungsgeschäft ein bestehendes Recht übertragen, verändert oder aufgehoben.

So umfasst z.B. die vollständige Abwicklung eines Kaufvertrags ein Verpflichtungsgeschäft (schuldrechtlicher Vertrag nach §§ 433 ff. BGB) und zwei Verfügungen über den Kaufpreis und den Kaufgegenstand (sachenrechtliche Übereignung nach §§ 929 ff. BGB). Man spricht insofern vom **Trennungsprinzip**.

Nach dem darauf aufbauenden **Abstraktionsprinzip** sind auch die Wirksamkeit von Verpflichtungs- und Verfügungsgeschäft voneinander unabhängig.

Voraussetzung für das Zustandekommen eines Rechtsgeschäftes sind eine oder mehrere **Willenserklärungen**. Eine Willenserklärung ist eine Äußerung (objektiver Tatbestand) des Willens (subjektiver Tatbestand), eine Rechtsfolge herbeizuführen.

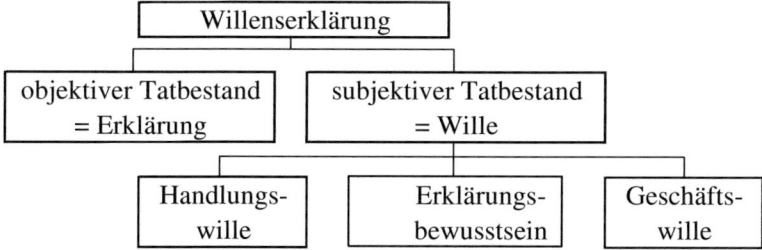

Der subjektive Tatbestand hat mehrere Elemente:

- Handlungswille
  Handlungswille setzt voraus, dass eine Handlung bewusst gewollt ist. Daran fehlt es z.B., wenn eine Person zusammenzuckt und dies wie ein zustimmendes Nicken aussieht.

- Erklärungsbewusstsein
  Erklärungsbewusstsein liegt vor, wenn dem Handelnden bewusst ist, dass er irgendeine rechtserhebliche Erklärung abgibt.

  **Beispiel:** Eine Person, die sich unwissentlich in einer Versteigerung befindet, winkt einem Bekannten zu. Hier fehlt es am Erklärungsbewusstsein.

- Geschäftswille
  Der Geschäftswille bezweckt, mit der Erklärung eine ganz konkrete Rechtsfolge herbeizuführen. Dies setzt nicht voraus, dass der Erklärende eine ins Einzelne gehende Vorstellung darüber hat, wie der angestrebte Erfolg rechtstechnisch herbeigeführt wird.[19]

---

[19] *BGH*, Urteil vom 24. Mai 1993 – II ZR 73/92.

**Beispiel:** Viktor möchte seinen gebrauchten Pkw für 7.500 € verkaufen. Verschreibt er sich bei seinem Angebot an Kurth und gibt den Kaufpreis mit 5.700 € an, so fehlt ihm der Geschäftswille für einen diesbezüglichen Kaufvertrag.

Der fehlende Handlungswille hat zur Folge, dass keine Willenserklärung vorliegt. Demgegenüber führt der fehlende Geschäftswille[20] und nach h.M. auch das fehlende Erklärungsbewusstsein nicht zu einer unwirksamen Willenserklärung. Diese ist dann aber ggf. anfechtbar.[21]

Die Äußerung des Willens (= Erklärung) kann ausdrücklich oder konkludent (schlüssig) erfolgen. Bei einer konkludenten Willenserklärung gibt der Erklärende durch sein Handeln seinen rechtlich erheblichen Willen zu erkennen.

**Beispiel:**
Der Kunde eines Supermarktes legt die Waren wortlos der Kassiererin vor. Damit erklärt er konkludent, diese zum am Regal angegebenen Preis kaufen zu wollen.

Eine ausdrückliche Willenserklärung kann in verschiedenen Formen abgegeben werden:

- mündlich
- Textform (§ 126b BGB)
- schriftlich (§ 126 BGB)
- in elektronischer Form (§ 126a BGB, SignaturG)
- öffentlich beglaubigt (§ 129 BGB)
- notariell beurkundet (§ 128 BGB, BeurkG)

Grundsätzlich gilt Formfreiheit, in besonderen Fällen schreibt das BGB jedoch bestimmte Formen vor, z.B. bei Grundstücksgeschäften nach § 311b I S. 1 BGB notarielle Beurkundung, bei der Bürgschaft nach § 766 S. 1 BGB die Schriftform oder bei Mieterhöhungen nach § 559b I S. 1 BGB die Textform. Gesetzliche Formvorschriften haben vor allem Beweis- und Warnfunktion.

Bei formfreien Willenserklärungen, die weitergehende Folgen haben, ist jedoch die Schriftform u.a. aus Beweisgründen zu empfehlen.

---

[20] Dies ergibt sich bereits aus § 119 I BGB, der ansonsten ohne Anwendungsbereich wäre.
[21] *BGH*, Urteil vom 07. Juni 1984 – IX ZR 66/83.

Schweigen ist normalerweise nicht als Willenserklärung zu werten. Nur in besonderen Fällen gilt Schweigen ausnahmsweise als Willenserklärung:

- Schweigen wird vertraglich als Willenserklärung vereinbart

  **Beispiel:** Ein Buchhändler vereinbart mit einem Kunden, dass dieser dem Kunden alle neu erscheinenden Bücher eines Autors zusendet und dass der Kunde diese abnimmt, wenn er sich binnen zwei Wochen nach der Zusendung nicht gegenteilig äußert.

  - Schweigen wird gesetzlich als Willenserklärung normiert (z.B. § 108 II S. 2 BGB, Schweigen = Ablehnung der Zustimmung, Schweigen auf ein Angebot im Rahmen des § 362 I HBG = Annahme)

  - Schweigen als Zustimmung auf ein kaufmännisches Bestätigungsschreiben

Um wirksam zu werden, muss eine empfangsbedürftige Willenserklärung, die einem Abwesenden gegenüber abgegeben wird, nach § 130 I BGB dem Empfänger zugehen. Der **Zugang** gilt als erfolgt, wenn die Erklärung in den gewöhnlichen Machtbereich des Empfängers gelangt ist, so dass er unter normalen Umständen die Möglichkeit der Kenntnisnahme hat.[22]

**Beispiel:**
Dem Empfänger wird die schriftliche Erklärung in den Briefkasten eingeworfen. Erfolgt der Einwurf aber z.B. erst um 22:00 Uhr, geht die Erklärung erst am Folgetag zu.

Unerheblich ist hingegen, ob und wann der Empfänger die Erklärung tatsächlich zur Kenntnis nimmt. Der Zugang kann auch bei Abwesenheit, z.B. während des Urlaubs, erfolgen.[23] Erfolgt die Erklärung per Übergabe-Einschreiben, so geht diese erst dann zu, wenn der Empfänger das Schreiben tatsächlich erhält.

Erfolgt der Zugang aufgrund einer in der Sphäre des Empfängers liegenden Ursache nicht, so ist danach zu unterscheiden, ob sich der Empfänger die Ursachen zurechnen lassen muss. Ist der Empfänger zur Annahmeverweigerung berechtigt, so geht die Erklärung nicht zu.

**Beispiel:**
Eine per Brief abgegebene Erklärung wurde unzureichend frankiert. Der Empfänger soll Nachporto entrichten und verweigert deshalb die Annahme.

---

[22] *BGH*, Urteil vom 21. Januar 2004 – XII ZR 214.
[23] *BAG*, Urteil vom 16. März 1988 – 7 AZR 587/87.

Verhindert der Empfänger den Zugang jedoch treuewidrig (Zugangsvereitelung), so steht dies dem Zugang gleich.

**Beispiel:**
Der Erklärungsempfänger holt eine erwartete Erklärung, die per Einschreiben gesendet wird, trotz Erhalt des Benachrichtigungsscheins bewusst nicht ab.[24]

Willenserklärungen sind erforderlichenfalls nach § 133 BGB, Verträge nach § 157 BGB auszulegen. Voraussetzung ist die Auslegungsbedürftigkeit, d.h. der Sinn der Erklärung ist nicht eindeutig. Bei einem eindeutigen Sinn bleibt demgegenüber kein Raum für eine Auslegung.

Nach § 133 BGB ist der wirkliche Wille des Erklärenden zu ermitteln (natürliche Auslegung). Dies setzt voraus, dass der Erklärungsempfänger nicht schutzbedürftig oder schutzwürdig ist. Fehlende Schutzbedürftigkeit ist insbesondere bei streng einseitigen Rechtsgeschäften, z.B. einem Testament gegeben. Ist der wirkliche Wille aus den Umständen der Erklärung zu entnehmen, ist der Erklärungsempfänger nicht schutzwürdig, so dass ebenfalls das Gewollte gilt.

**Beispiel:**
Der Betreiber einer Fahrradvermietung erklärt dem potentiellen Kunden, dass er ihm ein Fahrrad für einen Tag leihe. Durch deutlich sichtbaren Aushang wird darauf hingewiesen, dass ein Rad 10 € pro Tag kostet. Das Angebot ist als Angebot zum Abschluss eines Mietvertrags (§ 535 BGB), nicht als Angebot zum Abschluss eines Leihvertrags (§ 598 BGB) auszulegen.

Ist bei empfangsbedürftigen Willenserklärungen der wirkliche Wille des Erklärenden nicht ersichtlich, so ist auf die objektive Bedeutung der Erklärung abzustellen (normative Auslegung).

**Beispiel:**
Der Verkäufer bietet dem Käufer einen gebrauchten Pkw schriftlich für 1.200 € an, obwohl er ihn eigentlich für 2.100 € verkaufen will. Hier gilt die Erklärung, nicht das Gewollte. Die Erklärung ist aber anfechtbar nach § 119 I BGB.[25]

Neben der einfachen Auslegung kommt eine ergänzende Auslegung eines Rechtsgeschäfts in Betracht. Voraussetzung hierfür ist, dass das Rechtsgeschäft eine regelungsbedürftige Lücke beinhaltet. Diese wird ausgefüllt, indem der hypothetische Parteiwillen zugrunde gelegt wird.

---

[24] *BGH*, Urteil vom 26. November 1997 – VIII ZR 22/97.
[25] Zu den Einzelheiten vgl. Kapitel B. V.

Dazu ist zu ermitteln, wie die Beteiligten den offen gebliebenen Punkt unter Berücksichtigung aller Umstände bei redlichem Verhalten geregelt hätten, wenn sie ihn bedacht hätten.[26]

**Beispiel:**

In einem Arbeitsvertrag wird die Anwendung des Bundes-Angestelltentarifvertrags (BAT) in der jeweils gültigen Fassung vereinbart. Nachdem der BAT durch den Tarifvertrag für den öffentlichen Dienst (TVöD) ersetzt wurde, ist der Arbeitsvertrag nachträglich lückenhaft geworden und einer ergänzenden Vertragsauslegung zugänglich.

Durch ergänzende Vertragsauslegung ist nunmehr der TVöD an die Stelle des BAT getreten. Die Vertragsparteien hätten, die an die Stelle des BAT nachfolgenden Regelungen für die Angestellten des öffentlichen Dienstes vereinbart, wenn sie die Veränderung vorausgesehen hätten.[27]

---

[26] *BGH*, Urteil vom 21. September 1994 – XII ZR 77/93.
[27] *BAG*, Urteil vom 19. Mai 2010 – 4 AZR 796/08.

# IV. Vertragsschluss

Ein Vertrag ist ein mehrseitiges Rechtsgeschäft, somit sind für den Vertragsschluss zwei übereinstimmende, aufeinander bezogene Willenserklärungen – **Angebot** und **Annahme** – erforderlich.

Ein **Angebot** – das BGB spricht vom Antrag – i.S.d. § 145 BGB ist eine mit Bindungswillen abgegebene, empfangsbedürftige Willenserklärung, die auf den Abschluss eines Vertrags gerichtet ist. Sie muss inhaltlich konkret bestimmt sein, so dass die Annahme durch einfaches „ja" erfolgen kann. Erforderlich ist insbesondere, dass der Inhalt des Vertrags hinreichend bestimmt („essentialia negotii") ist.

Kein Angebot liegt vor, wenn sich der Erklärende (noch) nicht rechtlich binden will, sondern lediglich zur Abgabe eines Angebots auffordert („invitatio ad offerendum"). Dies ist regelmäßig bei Äußerungen an die Allgemeinheit anzunehmen.

**Beispiele:**
Warenhauskatalog, Zeitungsannonce, Preisauszeichnung in Geschäften

Nach § 145 BGB ist ein Angebot grundsätzlich bindend. Die Bindungswirkung endet nach § 146 BGB, wenn das Angebot nicht rechtzeitig angenommen oder abgelehnt wird.

Ein Angebot gegenüber Anwesenden – dies gilt auch für telefonische Angebote – kann nur sofort angenommen werden, § 147 I BGB. Die Annahme eines Angebots gegenüber Abwesenden kann nach § 147 II BGB erfolgen, solange unter regelmäßigen Umständen mit der Annahme zu rechnen ist.

**Beispiel:**
Bei einem Angebot per Brief ist die Postlaufzeit zum Empfänger, dessen Überlegenszeit und die Postlaufzeit zum Anbietenden zu berücksichtigen.

Eine verspätete Annahme gilt nach § 149 BGB als rechtzeitig, wenn sie rechtzeitig abgesendet wurde, der Empfänger dies erkennen konnte und der verspätete Zugang dem Annehmenden nicht unverzüglich angezeigt wird.

Eine verspätete Annahme oder eine Annahme mit Änderungen gilt als neues Angebot (§ 150 BGB).

**Beispiel:**
Kurth geht zunächst ohne besondere Kaufabsicht in den Jupiter-Markt. Beim Gang durch die Regale entdeckt er ein hochmodernes, sehr gut ausgestattetes Notebook, dessen Wert er auf ca. 1.000 € schätzt, mit 199 € ausgepreist. Er legt das Gerät an der Kasse vor, die Kassiererin scannt den Barcode und die Kasse zeigt einen Preis von 1.199 € an.
Kurt kann die Übergabe und Übereignung des Gerätes nach § 433 I BGB für 199 € nicht verlangen, da kein diesbezüglicher Kaufvertrag zustande gekommen ist. Die Preisauszeichnung ist kein Angebot, sondern lediglich eine invitatio ad offerendum. Kurth bietet somit nach § 145 BGB den Kauf des Gerätes für 199 € an. Die abweichende Preisangabe der Kasse ist als Annahme durch die Kassiererin mit Änderungen, somit als ein neues Angebot zu werten (§ 150 II BGB).

Die Annahme ist eine empfangsbedürftige Willenserklärung, die somit wirksam wird, wenn sie dem anderen Teil zugegangen ist.

Die Erklärung der Annahme gegenüber dem Anbietenden ist jedoch nach § 151 BGB entbehrlich, wenn nach der Verkehrssitte eine solche Erklärung nicht zu erwarten ist.

**Beispiel:**
Beim Versandhandel erfolgt auf eine Bestellung des Kunden mittels Bestellkarte unmittelbar die Zusendung der Ware.

Grundsätzlich müssen die Willenserklärungen in allen Punkten übereinstimmen, damit tatsächlich ein Vertrag zustande gekommen ist (Konsens). Sind sich die Parteien über einen Vertragspunkt wissentlich uneinig (offener Dissens), so ist im Zweifel kein Vertrag zustande gekommen (§ 154 BGB).

Ist über einen Punkt unwissentlich keine Einigung erzielt worden (versteckter Dissens), so gilt der Vertrag, sofern anzunehmen ist, dass der Vertrag auch ohne den uneinigen Punkt geschlossen worden wäre (§ 155 BGB).

# V.  Mängelbehaftete Rechtsgeschäfte

Bei der Abgabe von Willenserklärungen können Mängel vorliegen, welche die Wirksamkeit des Rechtsgeschäfts beeinflussen. Dabei kommen Willensmängel, Formfehler und inhaltliche Mängel in Betracht. Das BGB unterscheidet hierbei zwischen schwerwiegenden Mängeln, die zur Nichtigkeit des Rechtsgeschäftes führen, und weniger schwerwiegenden, die ein Rechtsgeschäft anfechtbar werden lassen.

**Nichtigkeit** bedeutet, dass das Rechtsgeschäft als von Anfang an als nicht zustande gekommen gilt. Nur ausnahmsweise kann ein nichtiges Rechtsgeschäft „geheilt" werden (z.B. §§ 311b I S. 2, 766 S. 2 BGB).

Ist ein Teil eines Rechtsgeschäfts nichtig, so ist nach § 139 BGB im Zweifel von der Nichtigkeit des gesamten Rechtsgeschäfts auszugehen. Dies gilt nicht, wenn eine abweichende gesetzliche Regelung getroffen wird[28] oder wenn die Nichtigkeit auf dem Verstoß gegen eine Vorschrift beruht, welche dem Schutz einer Person dient, z.B. bei Verstößen gegen Arbeitnehmerschutzvorschriften in Arbeitsverträgen.

Ist ein Rechtsgeschäft **anfechtbar**, so kann es nach anfänglicher Gültigkeit nachträglich durch die Anfechtung „vernichtet" werden, § 142 I BGB.

Insbesondere folgende Gründe führen zur **Nichtigkeit**:

• Geschäftsunfähigkeit § 105 BGB (s.o.)

• Scheingeschäft § 117 BGB
  Ein Scheingeschäft liegt vor, wenn eine Willenserklärung mit Zustimmung dessen, an den sie abzugeben ist, nur zum Schein abgegeben wird (§ 117 I BGB). Häufig dient ein Scheingeschäft dazu, ein gewolltes Geschäft zu verdecken. Die Wirksamkeit des verdeckten Geschäfts bleibt davon unberührt (§ 117 II BGB).

**Beispiel:**
Ein Grundstück soll laut Vereinbarung der Vertragspartner für 200.000 € verkauft werden. Vor dem Notar wird ein Vertrag über 100.000 € beurkundet, um „Steuern zu sparen". Der notariell beurkundete Vertrag ist als Scheingeschäft nach § 117 I BGB nichtig. Das verdeckte Scheingeschäft ist nach §§ 125, 311b I S. 1 BGB wegen Formmangels nichtig. Der Formmangel kann jedoch nach § 311b I S. 2 BGB durch Eintragung des Erwerbers geheilt werden.

---

[28] Vgl. z.B. § 306 I BGB beim Verstoß gegen Klauselverbote in AGB.

- Scherzerklärung § 118 BGB
  Eine Scherzerklärung liegt vor, wenn eine nicht ernst gemeinte Erklärung abgegeben wird und die Erkennbarkeit des Scherzes erwartet wird.

**Beispiel:**
Der Besucher des Biergartens erklärt, für ein gut gekühltes Bier 100 € zahlen zu wollen. Die offenkundig nicht ernst gemeinte Erklärung ist nichtig nach § 118 BGB.

- Formverstoß § 125 BGB
  Wird eine gesetzlich vorgeschriebene Form missachtet, führt dies zur Nichtigkeit.

**Beispiel:**
Ein Arbeitgeber kündigt einen Arbeitsvertrag per Fax. Die Kündigung verstößt gegen das Schriftformerfordernis und ist somit nichtig (§§ 125, 126, 623 BGB).

In einigen Fällen lässt das Gesetz jedoch die Heilung des Formmangels zu.

**Beispiele:**
Wird bei der Grundstücksveräußerung die notarielle Beurkundung (§ 311b I S. 1 BGB) missachtet, kann der Formmangel durch Eintragung des Erwerbers im Grundbuch geheilt werden (§ 311b I S. 2 BGB).
Mangelnde Schriftform bei der Bürgschaftserklärung (§ 766 S. 1 BGB) wird bei Leistung des Bürgen geheilt (§ 766 S. 3 BGB).

- Verstoß gegen ein gesetzliches Verbot § 134 BGB
  Verstößt ein Rechtsgeschäft gegen ein gesetzliches Verbot, so ist es nichtig. Dies gilt nicht, wenn sich aus der Verbotsvorschrift etwas anderes ergibt.

**Beispiel:**
Zwei Unternehmen vereinbaren, künftig ihre Preise abzusprechen und nur nach Vereinbarung zu ändern. Der geschlossene Vertrag ist wegen des Verstoßes gegen das Kartellverbot nichtig (§ 134 BGB i.V.m. § 1 GWB).

- Verstoß gegen die guten Sitten und Wucher § 138 BGB
  Ein Verstoß gegen die guten Sitten liegt vor, wenn das Rechtsgeschäft empfindlich gegen das Anstandsgefühl aller billig und gerecht Denkenden verstößt. Als Fallgruppen kommen z.B. Verträge, die in krassem Widerspruch zum Gemeinwohl stehen[29], Knebelungsverträge, Ausnutzung einer Monopolstellung, Übersicherung[30] oder finanziell krasse Überforderung[31] in Betracht.

---

[29] *BGH*, Urteil vom 23. Februar 2005 – VIII ZR 129/04.
[30] *BGH*, Urteil vom 12. März 1998 – IX ZR 74/95.
[31] *BGH*, Urteil vom 27. Januar 2000 – IX ZR 198/98.

Wucher setzt neben dem krassen Missverhältnis von Leistung und Gegenleistung die Ausnutzung einer besonderen Situation des Vertragspartners voraus.

**Beispiel:**
Der Unternehmer Salzbrenner steht kurz vor Eröffnung des Insolvenzverfahrens. Ein Kredit in Höhe von 50.000 € könnte ihn noch retten, aber von der Bank ist kein Geld zu bekommen. Ein privater Geldvermittler bietet ihm daraufhin einen Kredit über 50.000 € zu 35% Zinsen p.a. an. In diesem Fall liegt Wucher nach § 138 II BGB vor, da eine Notlage ausgenutzt wird und ein deutliches Missverhältnis zwischen gewährter und erwarteter Leistung vorliegt. Damit ist das Rechtsgeschäft von vornherein nichtig.

Irrtümer in der Willenserklärung sowie arglistige Täuschung und widerrechtliche Drohung lassen die **Anfechtung** von Rechtsgeschäften zu.

Ein Irrtum liegt vor, wenn bei der Abgabe der Willenserklärung Willen und Erklärung unbewusst auseinanderfallen.

Bei den **Irrtüm**ern sind verschiedene Arten zu unterscheiden. Folgende Irrtümer berechtigen zur Anfechtung:

• Inhaltsirrtum § 119 I BGB 1. Alternative: Dem Erklärenden ist der Inhalt seiner Erklärung nicht bewusst.

**Beispiel:**[32]
Unternehmer Maier bestellt beim Büromaterialversender Schnell 10 Gros Rollen Faxpapier. Er meint, es handle sich hierbei um besonders große Faxrollen. Tatsächlich ist ein Gros aber 144 Stück (= 12 × 12). Schnell liefert 1.440 Rollen. Maier kann den Vertrag wegen Inhaltsirrtums anfechten.

• Erklärungsirrtum § 119 I BGB 2. Alternative: Der Erklärende gibt versehentlich eine falsche Erklärung ab.

**Beispiele:** Versprechen, Verschreiben

• Eigenschaftsirrtum § 119 II BGB: Der Erklärende befindet sich über eine verkehrswesentliche Eigenschaft des Vertragsobjekts oder des Vertragspartners im Irrtum.

**Beispiel:**
Ein Arbeitnehmer, der als Kassierer eingestellt werden soll, ist mehrfach wegen Unterschlagung vorbestraft.

---

[32] In Anlehnung an *LG Hanau*, Urteil vom 30. Juni 1978 – 1 O 175/78.

- Übermittlungsirrtum § 120 BGB: Durch die Übermittlung der Erklärung wird diese verfälscht. Ein Übermittlungsirrtum liegt auch vor, wenn wegen einer Fehlfunktion der Software der Preis bei einem Internet-Angebot zu niedrig angegeben wird.[33]

In den Fällen der §§ 119, 120 BGB muss nach § 121 BGB die Anfechtung unverzüglich erfolgen. Zu beachten ist, dass die Anfechtung eine empfangsbedürftige Willenserklärung ist.

Ist eine Anfechtung dem Anfechtungsgegner gegenüber erklärt worden (§ 143 I BGB), so wird das Rechtsgeschäft nach § 142 I BGB nichtig. Der Anfechtende ist der anderen Partei jedoch zum Ersatz des Vertrauensschadens verpflichtet (§ 122 BGB). Der Anfechtungsgegner ist damit so zu stellen, als wäre das Rechtsgeschäft niemals getätigt worden.

Grundsätzlich nicht zur Anfechtung berechtigt der Kalkulationsirrtum (Irrtum im Preis) und der Motivirrtum (Wegfall oder Änderung des Motivs der Willenserklärung).

Neben der Anfechtung wegen Irrtums kommt eine Anfechtung in Betracht, wenn der Erklärende durch **arglistige Täuschung** oder **widerrechtliche Drohung** zur Abgabe der Willenserklärung bestimmt worden ist.

Eine arglistige Täuschung liegt vor, wenn eine Partei vorsätzlich vertragswesentliche Punkte falsch darstellt bzw. treuewidrig verschweigt und dadurch einen für die Erklärung wesentlichen Irrtum erzeugt.

Eine widerrechtliche Drohung setzt voraus, dass der Drohende dem Erklärenden Nachteile für den Fall in Aussicht stellt, dass die gewünschte Erklärung nicht abgegeben wird und die Drohung nicht gerechtfertigt ist.

Willenserklärungen die aufgrund einer arglistigen Täuschung oder widerrechtlicher Drohung abgegeben wurden, sind nach § 123 BGB anfechtbar. Die Anfechtungsfrist beträgt in diesen Fällen 1 Jahr ab Kenntnis der Täuschung bzw. ab Wegfall der Drohung (§ 124 BGB).

---

[33] *BGH*, Urteil vom 26. Januar 2005 – VIII ZR 79/04.

**Beispiel:**
Am 5.7. verkauft Unredlich seinen Pkw an Meier ohne diesen darauf hinzuweisen, dass der Pkw vor einen halben Jahr einen erheblichen Unfall hatte. Von dem Unfall erfährt Meier am 15.12. von seiner Werkstatt durch die fällige Inspektion. Er kann binnen Jahresfrist den Kaufvertrag wegen arglistiger Täuschung anfechten (§§ 123, 124 BGB).

Da durch die Anfechtung der Willenserklärung i.d.R. nur das Verpflichtungsgeschäft nichtig wird, ist eine ggf. bereits erfolgte Verfügung nach den §§ 812 ff. BGB rückabzuwickeln.[34]

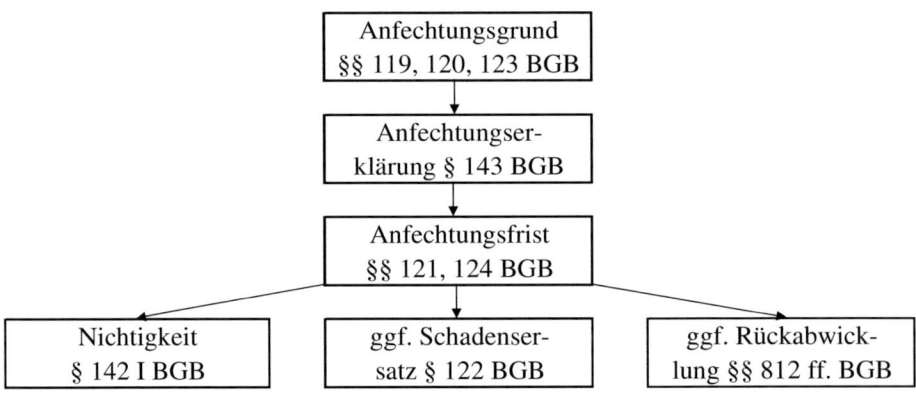

[34] Zu den Einzelheiten vgl. Kapitel C. II. 2. b).

# VI. Bedingung und Befristung

Eine Bedingung ist eine Regelung in einem Rechtsgeschäft, welche die Wirksamkeit von einem zukünftigen, ungewissen Ereignis abhängig macht. Zu unterscheiden ist zwischen einer aufschiebenden (§ 158 I BGB) und einer auflösenden (§ 158 II BGB) Bedingung.

Bei einer aufschiebenden Bedingung hängt die Wirksamkeit des Rechtsgeschäfts davon ab, ob die Bedingung eintritt.

**Beispiel:**
Viktor verkauft dem Kurth sein Notebook gegen Rechnung. Kurth soll das Eigentum erst erwerben, wenn er den Kaufpreis vollständig bezahlt hat. Die Vertragspartner können einen Kaufvertrag unter Eigentumsvorbehalt (§ 449 BGB) abschließen, so dass die Übereignung von der aufschiebenden Bedingung vollständiger Zahlung des Kaufpreises abhängig gemacht wird.

Bei einer auflösenden Bedingung wird vereinbart, dass die Wirksamkeit eines Rechtsgeschäfts mit dem Eintritt einer Bedingung endet.

**Beispiel:**
Wird zwischen Arbeitnehmer und Arbeitgeber vereinbart, dass der Abschluss des Arbeitsvertrags zur Vertretung eines erkrankten Mitarbeiters bis zu dessen Genesung erfolgt, so liegt eine auflösende Bedingung vor, wenn die Genesung ungewiss ist, nicht nur der Zeitpunkt der Genesung.

Bei einem befristeten Rechtsgeschäft (§ 163 BGB) wird die Wirksamkeit von einem zukünftigen, gewissen Ereignis abhängig gemacht. In Betracht kommen ein Anfangs- oder ein Endtermin.

**Beispiel:**
Vereinbart werden kann z.B. ein auf ein Jahr befristeter Mietvertrag, der ab dem 1.1. des Folgejahres beginnt (= Anfangstermin) oder ein Mietvertrag, der bis zum 31.12. des Folgejahres befristet ist (= Endtermin).

Bedingungen sind grundsätzlich sowohl für Verpflichtungs- als auch für Verfügungsgeschäfte zulässig. Ausnahmsweise bestimmt das Gesetz, dass Bedingungen bzw. Befristungen unzulässig sind. Das gilt z.B. für die Auflassung (§ 925 II BGB) oder die Eheschließung (§ 1311 S. 2 BGB).

## VII.  Stellvertretung und Vollmacht

Eine Willenserklärung kann nicht nur durch denjenigen abgegeben oder empfangen werden, der ein Rechtsgeschäft eingehen will, sondern auch durch eine andere Person, den Vertreter. Vertreter ist somit derjenige, der in **fremden Namen** eine Willenserklärung mit **Wirkung für und gegen den Vertretenen** abgibt oder empfängt (§ 164 I, III BGB).

Der Vertreter ist vom gesetzlich nicht ausdrücklich geregelten Boten abzugrenzen. Während der Vertreter eine eigene Willenserklärung abgibt, übermittelt der Bote lediglich eine fremde Willenserklärung.

Das Rechtsverhältnis zwischen Vertreter und Vertretenem wird als Innenverhältnis, dasjenige zwischen Vertretenem und Dritten als Außenverhältnis bezeichnet.

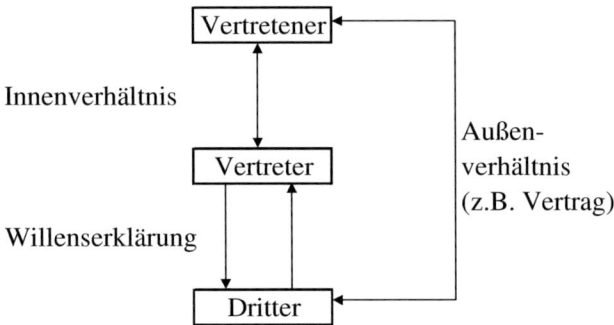

Eine Vertretung ist – abgesehen von höchstpersönlichen Rechtsgeschäften (z.B. Testament § 2064 BGB) – grundsätzlich zulässig. Voraussetzung für eine wirksame Vertretung ist zunächst die Vertretungsmacht des Vertreters. Diese kann auf zweierlei Art entstehen:

- per Gesetz = **gesetzliche Vertretung**
  **Beispiele:**
  Eltern sind gesetzliche Vertreter ihrer Kinder (§ 1629 BGB), Geschäftsführer gesetzliche Vertreter der GmbH (§ 35 GmbHG).
- per rechtsgeschäftlicher Erteilung = **Vollmacht**
  **Beispiel:**
  Der im Laden angestellte Verkäufer hat Ladenvollmacht (§ 56 HGB).

Die **Erteilung** einer Vollmacht kann ausdrücklich oder stillschweigend, auch durch bloße Duldung[35] erfolgen. Die Vertretungsmacht muss Dritten gegenüber aber offenkundig sein, sonst kommt das Rechtsgeschäft im Zweifel gegenüber dem Vertreter zustande (§ 164 II BGB).

Eine Vollmacht wird durch einseitige Willenserklärung gegenüber dem Vertreter (= Innenvollmacht) oder dem Dritten (= Außenvollmacht) erteilt (§ 167 I BGB).

Die Erteilung ist grundsätzlich formfrei (§ 167 II BGB). Auch der – grundsätzlich jederzeit mögliche – Widerruf der Vollmacht ist formfrei. Wurde die Vollmacht Dritten gegenüber erteilt, so muss auch der Widerruf dem Dritten mitgeteilt werden, ansonsten gilt die Vollmacht als fortbestehend (§ 170 BGB).

Handelt ein **Vertreter ohne** erteilte **Vollmacht** bzw. überschreitet er seine Vollmacht, so hängt die Wirksamkeit des Rechtsgeschäftes gegenüber dem Vertretenen von dessen Genehmigung ab (§ 177 BGB). Wird diese Genehmigung versagt, so haftet der Vertreter auf Erfüllung bzw. Schadensersatz wegen Nichterfüllung (§ 179 I BGB), es sei denn, der Dritte kannte den Mangel der Vertretungsmacht (§ 179 III BGB).

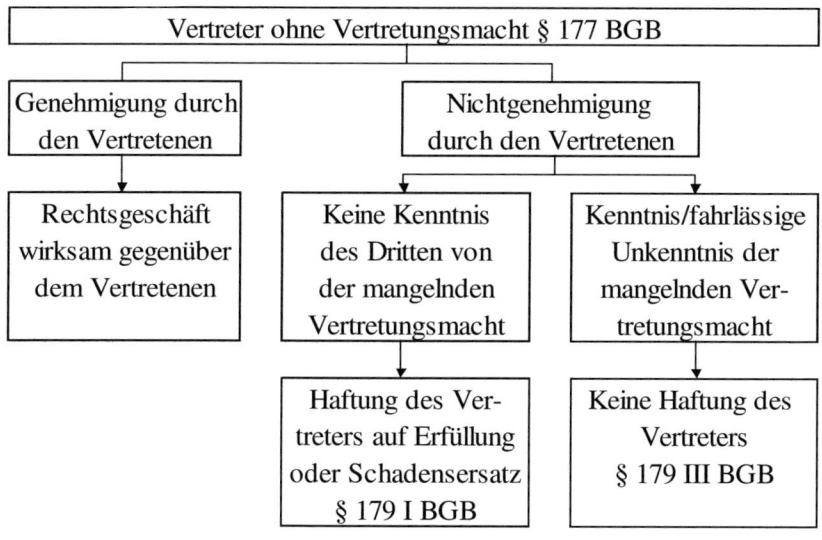

[35] *BGH*, Urteil vom 21. Juni 2005 – XI ZR 88/04.

**Beispiel:**

Als Geschäftsführer Gernot von einer zweiwöchigen Geschäftsreise zurückkommt, muss er feststellen, dass die Angestellte Susi Sorglos, der er die Büroleitung während seiner Abwesenheit übertragen hatte, die neue Sekretärin Brigitte Bauer eingestellt hat, die ihre Arbeit bereits aufgenommen hat. Sorglos, die keine Vollmacht in Personalangelegenheiten hat, sah es angesichts der guten Geschäftslage und der angespannten Arbeitssituation als notwendig an, eine zusätzliche Arbeitskraft einzustellen.

Da Susi Sorglos den Arbeitsvertrag für die GmbH als Vertreter ohne Vertretungsmacht nach § 177 BGB abgeschlossen hat, hängt die Wirksamkeit des Vertrags von der Genehmigung des Geschäftsführers als gesetzlichen Vertreter der GmbH (§ 35 GmbHG) ab. Verweigert dieser die Genehmigung, ist der Arbeitsvertrag nichtig.

Bei **einseitigen Rechtsgeschäften** ist eine Vertretung ohne Vertretungsmacht grundsätzlich unzulässig (§ 180 S. 1 BGB). Allerdings kommen die §§ 177 – 179 BGB zur Anwendung, wenn der Dritte die behauptete Vertretungsmacht nicht beanstandet (§ 180 S. 2 BGB).

Bei fehlender Vertretungsmacht ist der Vertreter jedoch als bevollmächtigt zu betrachten, wenn die Grundsätze der **Anscheinsvollmacht** zur Anwendung kommen. Dies setzt voraus, dass der Dritte aus der Handlung des mutmaßlichen Vertreters auf den Rechtsschein der Bevollmächtigung schließen konnte und dieser Rechtsschein durch den Vertretenen in zurechenbarer Weise gesetzt wurde. Davon ist auszugehen, wenn der Vertretene das Handeln des vollmachtlosen Vertreters zwar nicht kennt (Abgrenzung zur Duldungsvollmacht), bei pflichtgemäßer Sorgfalt aber erkennen und verhindern konnte.[36]

Grundsätzlich ist der Bevollmächtigte nicht befugt, im Rahmen seiner Vollmacht Rechtsgeschäfte mit sich selbst abzuschließen oder gleichzeitig als Vertreter zweier Vertragspartner zu handeln (Selbstkontrahierungsverbot, § 181 BGB).

**Beispiel:**

Hagen wird bei Siegfried als Personalleiter eingestellt. Zu seinen Aufgaben gehört der Abschluss, die Änderung und Beendigung von Arbeitsverträgen. Er ändert seinen eigenen Arbeitsvertrag, indem er das Gehalt verdoppelt. Die Änderung ist nur bei Zustimmung des Siegfried wirksam (§ 181 BGB).

---

[36] *BGH*, Urteil vom 10. Januar 2007 – VIII ZR 380/04.

Ausnahmsweise ist das Selbstkontrahierungsverbot des § 181 BGB nicht anzuwenden, wenn der Vertretene oder das Gesetz das Insichgeschäft gestatten.

**Beispiel:**
Die Eheleute Schulze betreiben ein Einzelhandelsgeschäft. Ihr 17-jähriger Sohn beendet die Schule mit einem eher mäßigen Abschluss. Da er keine Ausbildungsstelle findet, überlegen die Eltern, ihn im eigenen Betrieb als Auszubildenden einzustellen.
Da die Eltern sowohl Vertreter (§ 1629 BGB) als auch Vertragspartner des minderjährigen Sohns sind, liegt Selbstkontrahieren vor.
Nach § 10 III BBiG sind die Eltern jedoch vom Verbot des § 181 BGB befreit.

Ein Insichgeschäft ist auch zulässig, wenn es nur der Erfüllung einer Verbindlichkeit dient.

**Beispiel:**
Der Prokurist einer GmbH hat mit dem eigenen Unternehmen, vertreten durch den Geschäftsführer, einen Kaufvertrag über ein ihm gehörendes Grundstück abgeschlossen. Bei Fälligkeit überweist er sich namens der Gesellschaft den Kaufpreis auf sein eigenes Konto.

Eine **Vollmacht erlischt** mit dem Ende des zugrunde liegenden Rechtsverhältnisses (§ 168 S. 1 BGB) oder durch Widerruf (§ 168 S. 2 BGB).

**Beispiel:**
Die Vollmacht eines angestellten Einkäufers erlischt mit der Kündigung des Arbeitsvertrags oder bei Widerruf der Vollmacht trotz Fortbestehens des Arbeitsvertrags.

# VIII. Termine, Fristen und Verjährung

Ein **Termin** stellt ein nach dem Kalender bestimmtes Datum dar. Eine **Frist** ist ein Zeitabschnitt, bei dem sich aus dem Fristbeginn und der Frist das Fristende (= Termin) bestimmen lässt. Für die Fristberechnung der rechtsgeschäftlich oder gesetzlich bestimmten Fristen gelten die Auslegungsvorschriften der §§ 186 ff. BGB (vgl. § 186 BGB).

Bei der Fristberechnung ist zunächst der Fristbeginn zu bestimmen. Dies erfolgt nach § 187 BGB. Hiernach sind zwei Möglichkeiten für den **Fristbeginn** relevant:

• der Tag, auf den ein maßgebliches Ereignis fällt, wird bei der Fristberechnung nicht mitgerechnet (§ 187 I BGB, Normalfall)
• der Tag, auf den ein maßgebliches Ereignis fällt, wird bei der Fristberechnung mitgerechnet (§ 187 II BGB, anzuwenden insbesondere bei Dauerschuldverhältnissen und der Berechnung des Lebensalters)

Für das **Fristende** gilt nach § 188 I BGB, dass die Frist mit dem Ablauf des letzten Tages der Frist endet (d.h. 24:00 Uhr). Der letzte Tag der Frist bei einer nach Monaten (Wochen) bemessenen Frist nach § 187 I BGB ist der Tag, der durch seine Zahl (Benennung) dem Tag entspricht, auf den das maßgebliche Ereignis fällt, bei einer Frist nach § 187 II der Tag davor (§ 188 II BGB). Gibt es diesen Tag nicht, so endet die Frist mit dem letzten Tag des betreffenden Monats (§ 188 III BGB).

**Beispiel:**
Herrn Müller geht am 31.12.2017 eine Rechnung, zahlbar innerhalb von zwei Monaten zu (= maßgebliches Ereignis). Die Zweimonatsfrist beginnt am 01.01.2018, 00:00 Uhr zu laufen (§ 187 I BGB) und würde nach § 188 II BGB am 31.02.2018, 24:00 Uhr enden. Da es diesen Tag nicht gibt, endet die Frist am 28.02.2018, 24:00 Uhr (§ 187 III BGB).

Das Fristende kann sich nach § 193 BGB auf den nächsten Werktag verlängern, wenn das Fristende auf einen Sonntag, Feiertag oder Samstag fällt.

Die Durchsetzbarkeit von Ansprüchen will das Gesetz zeitlich begrenzen. Es wird davon ausgegangen, dass der Schuldner nach einer endlichen Frist, in der die Leistung nicht erbracht wurde, nicht mehr mit der Verpflichtung zu rechnen braucht. Deshalb unterliegen nach § 194 BGB Ansprüche der **Verjährung**. Ihrem Wesen nach gibt die Verjährung dem Schuldner ein **Leistungsverweigerungsrecht**, d.h. er kann die Leistung verweigern (§ 214 I BGB). Erfolgt die Leistung trotz Verjährung, kann der Schuldner allerdings auch nichts Zurückverlangen (§ 214 II BGB).

Von der Verjährung abzugrenzen sind **Ausschlussfristen**, denen insbesondere Gestaltungsrechte wie Anfechtung, Kündigung, Rücktritt und Widerruf unterliegen (z.B. §§ 121, 124, 355, 626 BGB). Mit Ablauf einer Ausschlussfrist erlischt das Recht, was – im Gegensatz zur Verjährung – als rechtsvernichtende Einwendung auch im Prozess zu beachten ist.

Für die **Verjährung** kommen die unterschiedlichsten **Fristen** in Betracht. Die Regelverjährungsfrist beträgt 3 Jahre (§ 195 BGB). Wichtige Ausnahmen sind:

- 10 Jahre für Ansprüche auf die Übertragung bzw. Einräumung von bestimmten dinglichen Rechten an Grundstücken (§ 196 BGB)
- 30 Jahre für bestimmte Schadensersatz-, Herausgabe- und titulierte Ansprüche (§ 197 BGB)
- Die Gewährleistungsfristen (§§ 438, 634a, 651g BGB)

Die Regelverjährung beginnt erst mit Schluss des Jahres, in dem
- der Anspruch entstanden ist und
- der Kenntniserlangung des Gläubigers von den anspruchsbegründenden Umständen und der Person des Schuldners (§ 199 I BGB).

Unabhängig von der Kenntnis des Gläubigers verjähren der regelmäßigen Frist unterliegende Ansprüche spätestens in **10 Jahren** ab Fälligkeit, sofern es sich nicht um Schadensersatzansprüche handelt (§ 199 IV BGB). **Schadensersatzansprüche** verjähren spätestens in **30 Jahren** nach Fälligkeit (§ 199 II, III BGB).

**Fristbeginn** für die Verjährung von Ansprüchen außerhalb der Regelverjährungsfrist ist, sofern dieser nicht zusammen mit der Frist geregelt ist, der Zeitpunkt der Entstehung des Anspruchs (§ 200 BGB).

**Beispiel:**
In der Buchhaltung der Firma Schlamp wird am 02.01.2018 festgestellt, dass die letzte Rate von einem Autoverkauf an den Kunden Meier, fällig am 02.03.2014, noch nicht bezahlt ist.
Nach § 195 BGB beträgt die Verjährungsfrist 3 Jahre und beginnt nach § 199 BGB am 31.12.2014, 24:00 Uhr. Damit tritt die Verjährung am 31.12.2017, 24:00 Uhr ein. Der Schuldner hat somit nunmehr ein Leistungsverweigerungsrecht nach § 214 BGB.

Die Verjährung kann durch Ereignisse während der Frist beeinflusst werden:

- **Hemmung** der Verjährung
  Eine Hemmung der Verjährung bedeutet nach § 209 BGB, dass die maßgebliche Zeit nicht in die Verjährungsfrist eingerechnet wird.

  Hemmungsgründe sind insbesondere:
  - schwebende Verhandlungen über den Anspruch § 203 BGB
  - Rechtsverfolgung § 204 BGB
  - Stundung § 205 BGB
  - höhere Gewalt § 206 BGB und
  - familiäre Beziehungen § 207 BGB.

- **Neubeginn** der Verjährung
  Leistet der Schuldner ein Schuldanerkenntnis, eine Abschlags- oder Zinszahlung, so beginnt die Verjährung neu (§ 212 I Nr.1 BGB). Gleiches gilt bei Vornahme oder Beantragung einer Vollstreckungshandlung, soweit diese wirksam ist (§ 212 I Nr. 2, II, III BGB).

  **Beispiel:**
  Im Rahmen eines Kaufvertrags hat der Verkäufer vom Käufer 1.000 € zu bekommen, die am 01.12.2017 fällig sind. Am 01.03.2018 erscheint der Käufer beim Verkäufer und bittet um dreimonatige Stundung, die gewährt wird. Wann verjährt diese Forderung?
  Maßgebend ist die 3jährige Verjährungsfrist nach § 195 BGB. Diese beginnt zunächst am 31.12.2017 zu laufen, beginnt jedoch durch das Stundungsbegehren des Käufers (=Anerkenntnis) neu (§ 212 I Nr.1 BGB). Da die Stundung gewährt wird, tritt zusätzlich eine Hemmung von 3 Monaten ein (§ 205 BGB). Damit tritt die Verjährung am 01.06.2021 (02.03.2018 + 3 Monate + 3 Jahre) ein.

## C.     Schuldrecht
## I.     Schuldrecht AT
## 1.     Begriff des Schuldverhältnisses

Im 2. Buch des BGB ist das Recht der Schuldverhältnisse geregelt. Das Schuldrecht gliedert sich in einen **Allgemeinen Teil** (§§ 241 – 432 BGB), der für alle Schuldverhältnisse geltende Regelungen enthält und in einen **Besonderen Teil** (§§ 433 – 853 BGB), der einzelne typisierte Schuldverhältnisse regelt.

Schuldverhältnis bedeutet, dass eine Person (**Gläubiger**) von einer anderen Person (**Schuldner**) eine Leistung verlangen kann (§ 241 I BGB). Dieses Recht, von einem anderen ein Tun oder Unterlassen zu verlangen, wird auch als **Anspruch** bezeichnet (§ 194 BGB). Daneben besteht nach § 241 II BGB die Pflicht, auf die Rechte, Rechtsgüter und Interessen des anderen Rücksicht zu nehmen.

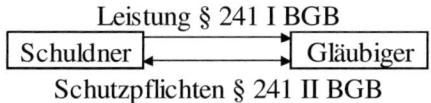

Sind beide Parteien sowohl Schuldner als auch Gläubiger von Leistungen, die sich gegenseitig bedingen, so liegt ein **gegenseitiges Schuldverhältnis** (Synallagma) vor. Dies trifft z.B. auf den Kaufvertrag zu.

Werden über einen bestimmten oder unbestimmten Zeitraum wiederkehrende Leistungen geschuldet, so liegt ein **Dauerschuldverhältnis** vor (z.B. Dienstvertrag §§ 611 ff. BGB, Mietvertrag §§ 535 ff. BGB).

Im Rahmen eines Schuldverhältnisses werden Haupt- und Nebenpflichten begründet. **Hauptpflichten** sind diejenigen, die im Mittelpunkt des Schuldverhältnisses stehen, z.B. die Pflicht des Verkäufers zur Übergabe und Übereignung des Kaufgegenstandes (§ 433 I S. 1 BGB) und die Pflicht des Käufers zur Bezahlung des Kaufpreises (§ 433 II BGB).

**Nebenpflichten** können sich zum einen aus dem Schuldverhältnis ergeben (z.B. Abnahme des Kaufgegenstandes § 433 II BGB) oder aus den §§ 241 II, 242 BGB. Nach § 241 II BGB verpflichtet das Schuldverhältnis die Beteiligten, auf die Rechte, Rechtsgüter und Interessen des anderen Rücksicht zu nehmen (**Schutzpflichten**). § 242 BGB begründet die Pflicht, alles zu unterlassen, was die Erfüllung der schuldrechtlichen Pflicht gefährdet (**Leistungstreuepflicht**).

**Beispiel:**
Ein Möbelmarkt liefert dem Kunden Möbel, trifft diesen jedoch nicht an. Der Möbellieferant darf nun die Möbel nicht einfach vor der Tür des Kunden abstellen.

Bei den schuldrechtlichen Pflichten ist weiterhin zwischen Primär- und Sekundärpflichten zu unterscheiden. Die **Primärpflichten** ergeben sich unmittelbar aus dem jeweiligen Schuldverhältnis (z.B. die Pflicht des Verkäufers zur Übergabe und Übereignung des Kaufgegenstandes § 433 I S. 1 BGB, Pflicht des Vermieters zur Überlassung der Mietsache § 535 I BGB, Pflicht des Käufers/Mieters zur Bezahlung §§ 433 II, 535 II BGB). Bei Störung des Schuldverhältnisses können die Primärpflichten durch **Sekundärpflichten**, insbesondere Schadensersatzpflichten (v.a. nach § 280 BGB)[37] ersetzt werden.

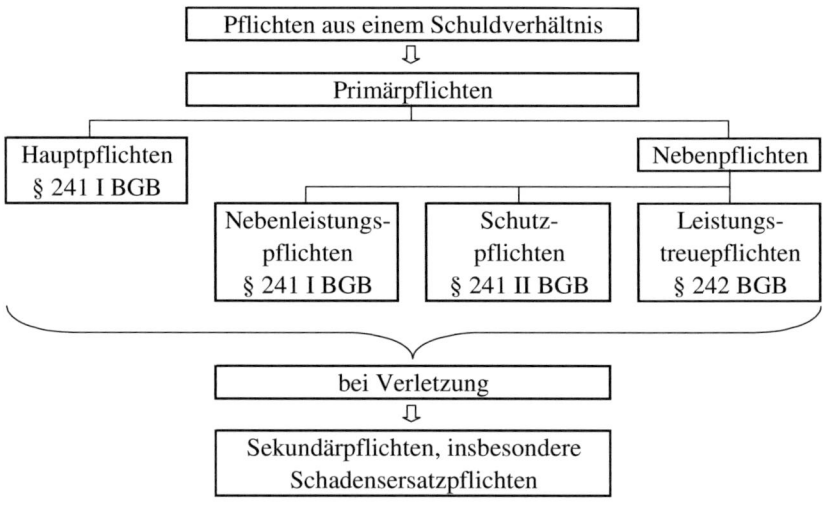

---

[37] Zu den Einzelheiten vgl. Kapitel C. I. 7.

## 2. Zustandekommen von Schuldverhältnissen

Ein Schuldverhältnis kann auf drei Wegen zustande kommen:[38]

- durch Rechtsgeschäft, insbesondere durch Vertrag § 311 I BGB (z.b. Kaufvertrag §§ 433 ff. BGB, Mietvertrag §§ 535 ff. BGB, Werkvertrag §§ 631 ff. BGB u.s.w.), ausnahmsweise durch einseitiges Rechtsgeschäft (z.b. Auslobung § 657 BGB)
- durch ein vorvertragliches Verhältnis § 311 II BGB (Pflichten nach § 241 II BGB)
- durch Gesetz (Geschäftsführung ohne Auftrag §§ 677 ff. BGB, ungerechtfertigte Bereicherung §§ 812 ff. BGB, unerlaubte Handlung §§ 823 ff. BGB).

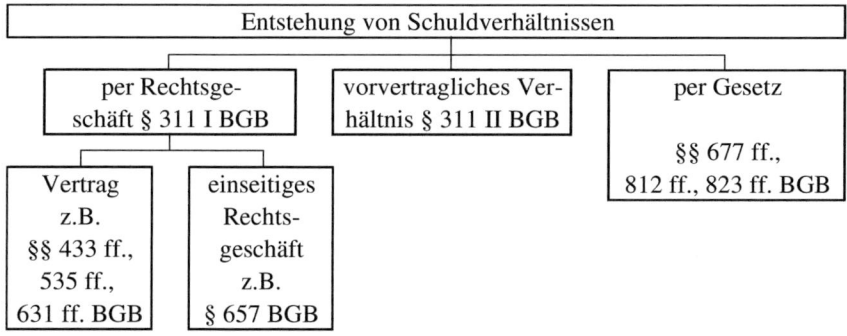

## 3. Leistungsmodalitäten

Ist ein Rechtsgeschäft wirksam zustande gekommen, so besteht ein Schuldverhältnis, d.h. nach § 241 I BGB hat der Gläubiger die Berechtigung, vom Schuldner eine Leistung zu verlangen. Gegenstand der Leistung kann insbesondere Übereignung oder Überlassung einer Sache, eine Dienstleistung, das Verschaffen eines Rechts oder ein Unterlassen sein.

---

[38] Abbildung in Anlehnung an: *Pechstein, Christoph/Bäumer, Michael*: Grundlagen Zivilrecht 2, 2. Auflage, Münster 2005, S. 2.

Wird eine Sache geschuldet, so ist zwischen Stück- und Gattungsschuld zu unterscheiden:

**Gattungsschuld**   Die Sache ist ihrer Art nach bestimmt, geschuldet werden Sachen mittlerer Art und Güte § 243 I BGB

**Stückschuld**   Die Sache ist individuell bestimmt, geschuldet wird eine konkrete Sache

Aus einer Gattungsschuld kann durch Konkretisierung eine Stückschuld werden § 243 II BGB.

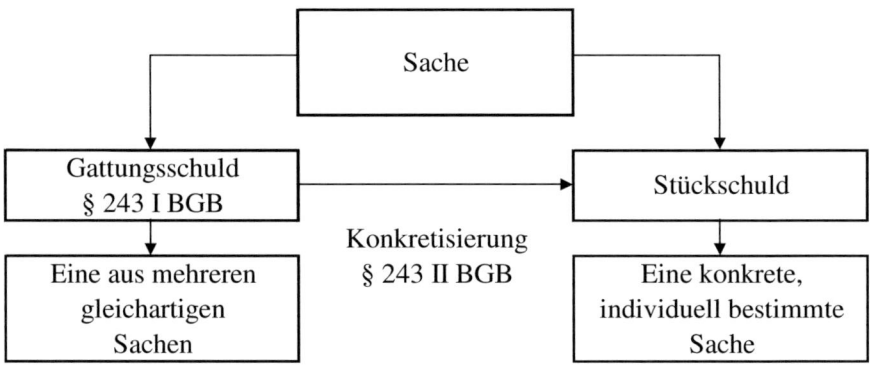

Konkretisierung tritt ein, wenn der Schuldner das seinerseits zur Leistung erforderliche getan hat. Welche Voraussetzungen hierfür erfüllt sein müssen, hängt von der Schuldart in Bezug auf den Leistungsort ab (s.u.).

**Beispiel:**
Ein Kunde bestellt bei einem Kfz-Händler einen Neuwagen bestimmten Typs und bestimmter Ausstattung. Hier liegt zunächst eine Gattungsschuld vor, § 243 I BGB. Hat der Händler das Fahrzeug beschafft, für den Kunden bereitgestellt und dem Kunden mitgeteilt, das Fahrzeug stehe zur Abholung bereit, tritt Konkretisierung ein (§ 243 II BGB), so dass der Händler nur noch dieses Fahrzeug schuldet.

In vielen Fällen kann sich nach dem BGB ein **Schadensersatz**anspruch ergeben. In Betracht kommen z.B. Schadensersatzansprüche aus einer fehlerhaften Abwicklung eines Schuldverhältnisses (§ 280 BGB) oder aus unerlaubter Handlung (§ 823 BGB). Art und Umfang des Schadensersatzes ergeben sich aus den §§ 249 ff. BGB.

Als primäre Art der Schadensersatzleistung kommt nach § 249 I BGB zunächst die **Naturalherstellung** in Betracht. **Ersatzweise** kann eine **Geldentschädigung** erfolgen. Diese ist für folgende Fälle vorgesehen:

- bei Körperschaden oder Sachbeschädigung auf Verlangen des Gläubigers § 249 II BGB
- bei unmöglicher Naturalherstellung § 251 I BGB
  **Beispiel:** Das durch einen Unfall geschädigte Fahrzeug ist irreparabel zerstört.
- auf Verlangen des Schuldners, wenn die Naturalherstellung einen unverhältnismäßig hohen Aufwand erfordert § 251 II BGB
  **Beispiel:** Das durch einen Unfall geschädigte Fahrzeug könnte repariert werden, dafür würden aber Kosten in doppelter Höhe des Wiederbeschaffungswertes anfallen.

Der Umfang des Schadensersatzes umfasst die **Vermögenseinbuße** des Geschädigten. Ein Liebhaberwert bleibt grundsätzlich unberücksichtigt. Der Schadensersatzanspruch umfasst auch den entgangenen Gewinn (§ 252 BGB). **Immaterielle Schäden** können nur in den gesetzlich ausdrücklich geregelten Fällen geltend gemacht werden. Dies betrifft insbesondere die Verletzung des Körpers, der Gesundheit, der Freiheit oder der sexuellen Selbstbestimmung (§ 253 BGB).

Trifft den Geschädigten ein Mitverschulden am Schaden, so mindert sich sein Schadensersatzanspruch entsprechend (§ 254 I BGB). Ebenfalls zu einer Schadensersatzminderung führt ein Verstoß gegen die Schadensminderungspflicht nach § 254 II BGB.

Obwohl nur der Schuldner zur Leistung verpflichtet ist, kann **Person des Leistenden** normalerweise jeder sein (§ 267 BGB), es sei denn es wurde vertraglich etwas anderes bestimmt oder es liegt eine höchstpersönliche Schuld vor (z.B. beim Dienstvertrag, § 613 BGB).

Der **Leistungsort**, also der Ort an dem die Leistungshandlung vorzunehmen ist, kann sich aus vertraglicher Vereinbarung, den Umständen des Schuldverhältnisses oder aus dem Gesetz ergeben. Im Zweifel ist der Wohn- oder Geschäftssitz des Schuldners Leistungsort (§ 269 BGB).

Vom Leistungsort zu unterscheiden ist der **Erfolgsort**, d.h. der Ort an dem der Erfolg der Leistung eintritt. Nach den möglichen Kombinationen von Leistungs- und Erfolgsort lassen sich drei Schuldarten unterscheiden:

- Holschuld (Leistungs- und Erfolgsort beim Schuldner)
- Bringschuld (Leistungs- und Erfolgsort beim Gläubiger)
- Schickschuld (Leistungsort beim Schuldner, Erfolgsort beim Gläubiger)

Die Bedeutung der Unterscheidung liegt vor allem in der Frage des Risikoübergangs und der Anforderungen an eine Konkretisierung einer Gattungsschuld.[39]

| Schuldarten und Konkretisierung | | |
|---|---|---|
| Holschuld | Bringschuld | Schickschuld |
| Aussonderung und Aufforderung zur Abholung | Aussonderung und Leistungsangebot beim Gläubiger | Aussonderung und Absendung |

Eine besondere Regelung wird für Geldschulden getroffen: Geld ist mangels einer anderen Vereinbarung auf Kosten und Risiko des Schuldners an den Wohnsitz des Gläubigers zu übermitteln (§ 270 BGB).

Auch die **Leistungszeit** kann beliebig vereinbart werden, im Zweifel ist die Schuld sofort fällig und erfüllbar (§ 271 BGB). Die Fälligkeit regelt dabei die Frage, wann der Schuldner leisten muss, die Erfüllbarkeit ab wann er leisten darf. Bedeutung hat die Leistungszeit insbesondere im Zusammenhang mit Verspätung der Leistung und der Möglichkeit einer Aufrechnung.

**Beispiel:**
Installateur Röhrich aus Hamburg schließt am 1.7. mit dem Sanitärgroßhändler Groß in Erfurt einen Vertrag über die Lieferung von 10 Waschtischen der Marke „Galaktika" in der Farbe Silbergrau für je 105 € ab. Im Vertrag heißt es u.a. „Erfüllungsort ist Hamburg". Welche Schuldart liegt vor? Wann und wo ist die Leistung zu erbringen?

Da 10 Waschbecken einer bestimmten Marke, also keine individuell bestimmten Stücke vereinbart worden sind, schuldet Groß Stücke mittlerer Art und Güte, es liegt gemäß § 243 I BGB also eine Gattungsschuld vor.
Vertraglich ist als Erfüllungsort (= Leistungsort) der Sitz des Gläubigers der Waschtische vereinbart, da Röhrich gemäß § 433 I S. 1 BGB von Groß Übergabe und Übereignung verlangen kann. Eine solche vertragliche Vereinbarung ist gemäß § 269 BGB auch zulässig. Somit liegt eine Bringschuld vor.
Da keine vertragliche Vereinbarung getroffen wurde, sind die geschuldeten Leistungen sofort fällig, § 271 I BGB

---

[39] Abbildung in Anlehnung an: *Pechstein, Christoph/Bäumer, Michael*: Grundlagen Zivilrecht 2, 2. Auflage, Münster 2005, S. 31.

# 4. Allgemeine Geschäftsbedingungen

Während das BGB bei den Regelungen hinsichtlich des Vertragsschlusses normalerweise davon ausgeht, dass die Vertragsbedingungen einzeln ausgehandelt werden, ist dies im alltäglichen Massengeschäft kaum noch relevant. In den meisten Fällen werden für eine Vielzahl von Verträgen vorformulierte Vertragsbedingungen – die **AGB** (§ 305 I BGB) – von einem Vertragspartner vorgegeben.

Um eine Benachteiligung, insbesondere von Verbrauchern auszuschließen, regeln die §§ 305 ff. BGB, unter welchen Bedingungen AGB in einen Vertrag einbezogen werden (§ 305 II BGB) und wann einzelne Klauseln ggf. unwirksam sind (§§ 305c, 307-309 BGB).

Damit AGB wirksamer Bestandteil eines Vertrags werden, müssen nach § 305 II BGB drei Voraussetzungen erfüllt sein:

• ein ausdrücklicher Hinweis auf die AGB, ausnahmsweise durch deutlich sichtbaren Aushang am Ort des Vertragsschlusses
• die Möglichkeit der zumutbaren Kenntnisnahme
• das Einverständnis der anderen Vertragspartei.

**Beispiel:**
Privatperson Kurt kauft bei Computerhändler Viktor einen PC mit der Vereinbarung, dass Viktor ihm diesen mit Rechnung frei Haus liefert. Kurze Zeit später bekommt Kurt den PC per Post geliefert. Auf der Rückseite des beigefügten Rechnungsformulars sind umfangreiche Vertragsbedingungen abgedruckt.

Da ein ausdrücklicher Hinweis auf die AGB bei Abschluss des Vertrags gemäß § 305 II Nr. 1 BGB fehlt, sondern die AGB nachgeschoben werden, sind diese nicht wirksamer Vertragsbestandteil.

Kein Vertragsbestandteil werden Überraschungsklauseln (§ 305c BGB).

Zur Unwirksamkeit einzelner, von Rechtsvorschriften abweichenden Klauseln in AGB können insbesondere führen:

• Klauseln, die den Vertragspartner unangemessen benachteiligen (§ 307 BGB)
• verbotene Klauseln mit (§ 308 BGB) oder ohne (§ 309 BGB) Wertungsmöglichkeit

**Beispiel:**
In einem Formularmietvertrag wird der Mieter verpflichtet, Küche und Bad alle 2 Jahre, die übrigen Räume alle 5 Jahre auf eigene Kosten zu renovieren. Die Klausel benachteiligt den Mieter unangemessen und ist somit nach § 307 BGB unwirksam.[40]

Sind AGB insgesamt oder zum Teil unwirksam, so bleibt der Vertrag trotzdem wirksam. An die Stelle der unwirksamen Regelung tritt die jeweilige gesetzliche Regelung (§ 306 BGB).

Generell haben individuelle Vereinbarungen Vorrang vor AGB (§ 305b BGB). Unklarheiten in AGB gehen zu Lasten des Verwenders (§ 305c II BGB).

Keine **Anwendung** finden die §§ 305-310 BGB auf Tarifverträge, Gesellschaftsverträge, erbrechtliche und familienrechtliche Verträge (§ 310 IV BGB). Für Unternehmer gilt das AGB-Recht nur eingeschränkt (§ 310 I BGB), für Verbraucher erweitert (§ 310 III BGB). Bei Verwendung von AGB gegenüber einem Unternehmer gelten § 305 II, III BGB und die §§ 308, 309 BGB nicht. Die Inhaltskontrolle nach § 305c II BGB und den §§ 307 bis 309 BGB findet auch Anwendung, wenn ein Unternehmer vorformulierte Vertragsbedingungen gegenüber einem Verbraucher einmalig verwendet.

Einen Überblick über die Geltung allgemeiner Geschäftsbedingungen zeigt die nachfolgende Übersicht.

Ein spezielles Problem stellen **kollidierende AGB** dar. Diese liegen vor, wenn die Vertragspartner wechselseitig auf ihre AGB verweisen, welche sich z.T. widersprechen. Häufig sind solche AGB auch noch mit „Abwehrklauseln" versehen.

Wird unter diesen Bedingungen ein Vertrag abgeschlossen, so liegt strenggenommen ein Dissens (§§ 154, 155 BGB) vor. Wenn der Vertrag nun in Kenntnis der Nichteinigung trotzdem tatsächlich abgewickelt wird, ist von der Wirksamkeit des Vertrags auszugehen.

Weiterhin wird die Auffassung vertreten, dass damit nur der Teil der AGB wirksam wird, der sich nicht widerspricht. Die kollidierenden Teile der AGB werden in entsprechender Anwendung des § 306 BGB durch die jeweilige gesetzliche Regelung ersetzt.[41]

---

[40] *BGH*, Urteil vom 23. Juni 2004 – VIII ZR 361/03.
[41] So die wohl h.M., offen gelassen *BGH*, Urteil vom 9. Januar 2002 – VIII ZR 304/00.

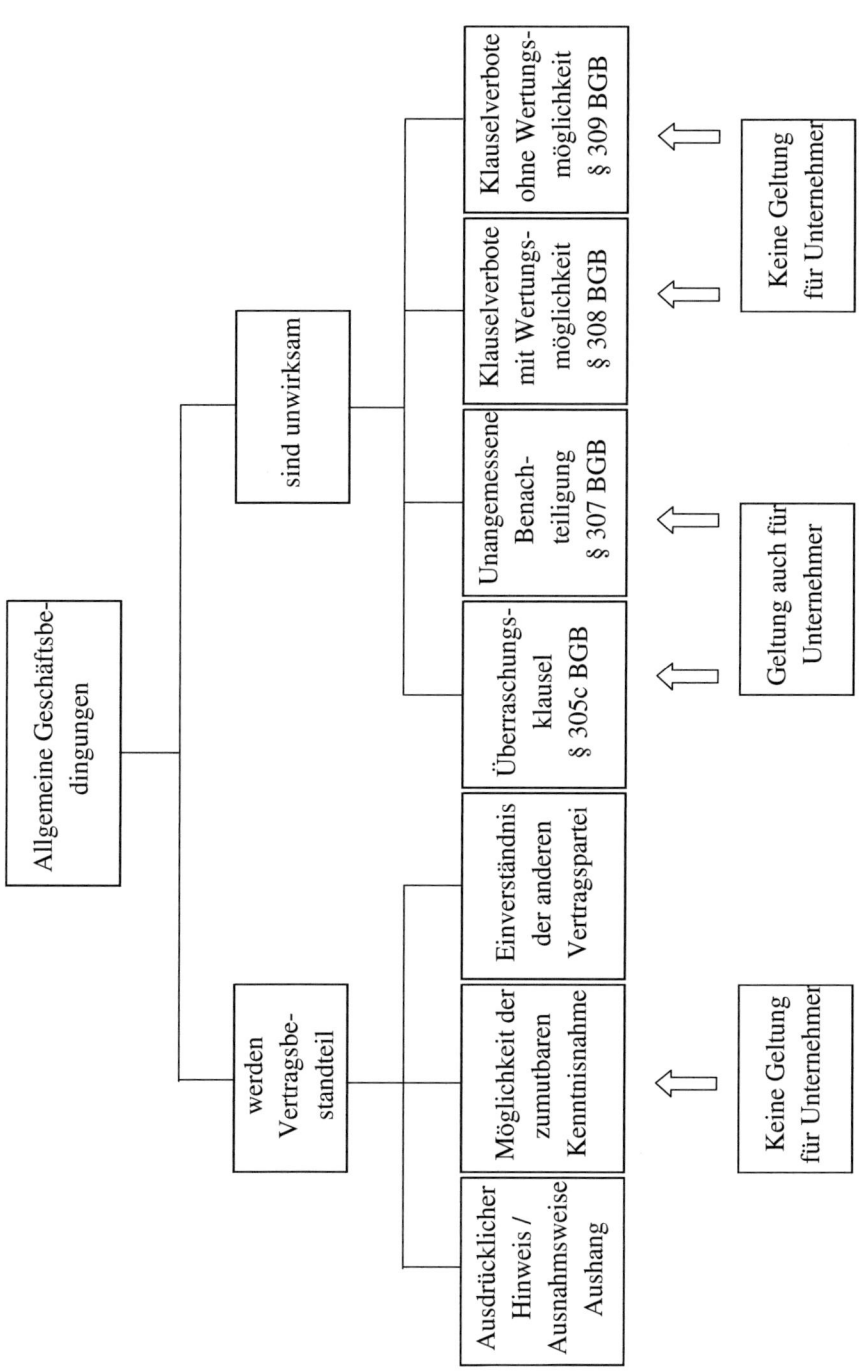

# 5.    Verbraucherschutz bei besonderen Vertragsformen

Eine im BGB enthaltene Zielstellung, die insbesondere unter Einfluss des EU-Rechts an Bedeutung gewonnen hat, ist der Verbraucherschutz. Das typische Merkmal des Verbraucherschutzes ist, dass der Verbraucher in bestimmten Konstellationen besser gestellt wird, als derjenige, welcher kein Verbraucher ist. Das begründet sich daraus, dass Verbraucher in bestimmten Vertragssituationen als unterlegen angesehen werden.

Voraussetzung für die Anwendung von Regelungen zum Verbraucherschutz ist zunächst, dass ein Vertrag zwischen einem **Verbraucher** (§ 13 BGB) und einem **Unternehmer** (§ 14 BGB) abgeschlossen wird.

Verbraucher ist nach § 13 BGB eine natürliche Person, die ein Rechtsgeschäft tätigt, welches überwiegend Zwecken dient, die nicht zu deren gewerblicher oder selbständiger beruflicher Tätigkeit gehört. Juristische Personen oder rechtsfähige Personengesellschaften können niemals Verbraucher sein.

Unternehmer ist nach § 14 BGB eine natürliche oder juristische Person oder eine rechtsfähige Personengesellschaft, welche ein zur gewerblichen oder selbständigen beruflichen Tätigkeit gehörendes Rechtsgeschäft tätigt.

Somit kann dieselbe natürliche Person, je nach Zweck des Rechtsgeschäfts, einmal Verbraucher und ein anderes mal Unternehmer sein.

**Beispiel:**
Der selbständige Handelsvertreter Anton kauft sich einen neuen Pkw für seine Vertretertätigkeit. Da er den Vertrag im Rahmen seiner gewerblichen Tätigkeit (§ 84 I HGB) abschließt, ist er Unternehmer (§ 14 I BGB).
Mietet Anton eine neue Wohnung, dient der Vertrag nicht seiner gewerblichen Tätigkeit. Somit ist er bei Abschluss des Mietvertrags Verbraucher (§ 13 BGB).

Der Verbraucherschutz ist im BGB zum Teil im allgemeinen Schuldrecht, zum Teil im besonderen Schuldrecht verankert. Die im allgemeinen Schuldrecht getroffenen Regelungen umfassen neben dem erweiterten Anwendungsbereich des AGB-Rechts für Verbraucher (§ 310 III BGB) verbraucherschützende Regelungen in den §§ 312 ff. BGB, insbesondere zu besonderen Vertriebsformen.

Im besonderen Schuldrecht finden sich verbraucherschützende Vorschriften vor allem in den Regelungen zum Verbrauchsgüterkauf (§§ 474 ff. BGB), zum Teilzeit-Wohnrechtevertrag (§§ 481 ff. BGB), zum Verbraucherdarlehen (§§ 491 ff. BGB) und Finanzierungshilfen (§§ 506 ff. BGB), zu Ratenlieferungsverträgen (§ 510 BGB) sowie zum Verbraucherbauvertrag (§ 650i ff. BGB).

Voraussetzung für die Anwendung der §§ 312 ff. BGB ist zunächst das Vorliegen eines **entgeltlichen Verbrauchervertrags** (§ 312 I BGB). Ein Verbrauchervertrag ist ein Vertrag zwischen einem Unternehmer und einem Verbraucher (§ 310 III BGB).

Für außerhalb von Geschäftsräumen geschlossene Verträge und Fernabsatzverträge werden besondere Informationspflichten und ein Widerrufsrecht normiert.

**Außerhalb von Geschäftsräumen geschlossene Verträge** sind nach § 312b I Nr. 1 BGB Verträge, die bei gleichzeitiger körperlicher Anwesenheit an einem Ort geschlossen werden, der kein Geschäftsraum des Unternehmers ist.

**Beispiele:** Privatwohnung, Arbeitsplatz eines Verbrauchers, öffentliche Verkehrsflächen und öffentliche Verkehrsmittel

Dem gleichgestellt sind Verträge, die durch ein bindendes Angebot des Verbrauchers (Nr. 2) oder Anbahnung des Vertrags (Nr. 3) in einer Situation nach § 312b I Nr. 1 BGB zustande kommen sowie Verträge, die auf einem vom Unternehmer organisierten Ausflug geschlossen werden (Nr. 4).

**Beispiele:** Ansprechen des Verbrauchers vor dem Geschäft des Unternehmers (Nr. 3), Kaffeefahrt (Nr. 4).

**Fernabsatzverträge** sind nach § 312c I BGB Verbraucherverträge, die unter ausschließlicher Nutzung von Fernkommunikationsmitteln geschlossen werden, sofern der Vertrag im Rahmen eines für den Fernabsatz organisierten Vertriebssystems erfolgt. Als Fernkommunikationsmittel gelten nach § 312c II BGB Kommunikationsmittel, die eine Vertragsanbahnung oder einen Vertragsabschluss ohne gleichzeitige körperliche Anwesenheit ermöglichen. Als Fernkommunikationsmittel gelten u.a. Briefe, Kataloge, Telefonanrufe, Faxe, E-Mails, SMS sowie Rundfunk und Online-Medien.

Für außerhalb von Geschäftsräumen geschlossene Verträge und Fernabsatzverträge werden dem Unternehmer nach § 312d I BGB i.V.m. Art. 246a EGBGB besondere **Informationspflichten**, u.a. zur Identität und Anschrift, über Merkmale und Preis der Ware und über ein evtl. Widerrufsrecht auferlegt.

Das wichtigste Instrument des Verbraucherschutzes ist das **Widerrufsrecht** nach § 355 BGB. Nach § 355 I S. 1 BGB sind die Vertragspartner an ihre Vertragserklärungen nicht mehr gebunden, wenn ein fristgerechter Widerruf erfolgt ist. Ein solches Widerrufsrecht besteht nur, wenn dem Verbraucher ein solches Recht **per Gesetz eingeräumt** wird. Es muss also in einer anderen gesetzlichen Regelung ausdrücklich auf § 355 BGB verwiesen werden.

Ein solcher Verweis auf § 355 BGB findet sich zunächst in § 312g I BGB für außerhalb von Geschäftsräumen geschlossene Verträge und Fernabsatzverträge.

Allerdings gibt es zwei **Ausnahmekataloge**. Nach § 312 II BGB werden eine Reihe von Verträgen vom Anwendungsbereich der Verbraucherverträge weitgehend ausgenommen, z.B. notariell beurkundete Verträge (Nr. 1), Verträge über Lieferung von Lebensmitteln u.ä., die vom Unternehmer im Rahmen häufiger und regelmäßiger Fahrten geliefert werden (Nr. 8) oder außerhalb von Geschäftsräumen geschlossene Verträge, bei denen ein bis zu 40 € betragendes Entgelt sofort bezahlt wird.

Durch § 312g II BGB werden Ausnahmen normiert, die insbesondere Verträge betreffen, bei denen die gewährte Leistung bei Rückabwicklung wirtschaftlich entwertet wird bzw. die einen spekulativen Charakter tragen. Das betrifft u.a. individuell angefertigte Waren (Nr. 1), schnell verderbliche Waren (Nr. 2), versiegelte Datenträger nach Entsiegelung (Nr. 6), Waren oder Dienstleistungen, die Finanzmarktschwankungen unterliegen (Nr. 8), öffentliche Versteigerungen (Nr. 10) sowie Wett- und Lotteriedienstleistungen (Nr. 12).

Nach § 356 IV BGB erlischt das Widerrufsrecht zudem, wenn eine **Dienstleistung** auf ausdrücklichen Wunsch des Verbrauchers bereits vollständig erbracht wurde und der Verbraucher seine Kenntnis vom Erlöschen des Widerrufsrechts bestätigt hat.

Das Widerrufsrecht wird durch **Erklärung des Widerrufs** durch den Verbraucher gegenüber dem Unternehmer innerhalb der Widerrufsfrist ausgeübt. Die Erklärung muss nicht begründet werden. Zur Fristwahrung reicht die rechtzeitige Absendung der Erklärung (§ 355 I BGB). Die **Widerrufsfrist** beträgt nach § 355 II BGB 14 Tage. Die Frist beginnt normalerweise mit dem Abschluss des Vertrags. Durch den § 356 BGB werden für außerhalb von Geschäftsräumen geschlossene Verträge und Fernabsatzverträge einige Ausnahmen festgelegt. So beginnt beim Verbrauchgüterkauf die Frist erst mit Erhalt der Ware (§ 356 II Nr. 1 BGB). Die Frist beginnt nicht vor ordnungsgemäßer Information über das Widerrufsrecht (§ 356 III BGB), es erlischt jedoch spätestens 12 Monate nach Ablauf der ursprünglichen Frist.

Nach § 355 I BGB sind die Vertragsparteien im Falle des Widerrufs nicht mehr an ihre Willenserklärungen gebunden. Die bereits gewährten **Leistungen** sind unverzüglich **zurück zu gewähren**, § 355 III BGB. Dem Verbraucher können die Rücksendekosten gemäß § 357 VI BGB auferlegt werden, wenn er darüber ordnungsgemäß informiert worden ist.

Der Verbraucher hat unter den Voraussetzungen des § 357 VII BGB **Wertersatz** für einen Wertverlust zu leisten. Das ist nur dann der Fall, wenn die Verschlechterung auf einen über die Prüfung der Ware erforderlichen Umfang hinausgehenden Umgang mit der Ware zurückzuführen ist. Der Verbraucher muss zudem ordnungsgemäß über sein Widerrufsrecht informiert worden sein.

Neben dem Widerrufsrecht bei außerhalb von Geschäftsräumen geschlossenen Verträgen und Fernabsatzverträgen besteht nach den Regelungen im besonderen Schuldrecht ein Widerrufsrecht nach § 355 BGB auch bei folgenden Verträgen:

• Teilzeit-Wohnrechtevertrag (§ 485 BGB)
• Verbraucherdarlehensvertrag (§ 495 BGB)
• Finanzierungshilfe (§§ 506 I, 495 BGB)
• Ratenlieferungsvertrag (§ 510 II BGB)
• Verbraucherbauvertrag (§§ 650i, 650l BGB)


Besondere Pflichten bestehen zudem im **elektronischen Geschäftsverkehr**. Unternehmer, die Waren oder Dienstleistungen über Telemedien anbieten, haben nach § 312i BGB besondere Pflichten.

Nach § 312i I Nr. 1 BGB müssen dem Kunden technische Mittel zur Verfügung gestellt werden, die es ihm erlauben, Eingabefehler zu erkennen und zu berichtigen. § 312i I Nr. 3 BGB verpflichtet den Unternehmer, den Zugang der Bestellung unverzüglich auf elektronischem Wege zu bestätigen. Dem Kunden muss gemäß § 312i I Nr. 4 BGB die Möglichkeit verschafft werden, die Vertragsbedingungen bei Vertragsschluss abzurufen und in wiedergabefähiger Form zu speichern.

Bei einer Bestellung durch einen Verbraucher wird der Unternehmer verpflichtet, die Bestellsituation so zu gestalten, dass der Verbraucher seine Zahlungspflicht bei der Bestellung ausdrücklich bestätigt, § 312j III S. 1 BGB. Erfolgt die Bestellung über eine Schaltfläche, so muss diese nach § 312j III S. 2 BGB gut lesbar mit „zahlungspflichtig bestellen" oder einer vergleichbaren eindeutigen Formulierung beschriftet sein. Wird diese Pflicht nicht erfüllt, kommt nach § 312j IV BGB kein Vertrag zustande.

Ab dem 1.7.2022 wird die **Kündigung von Dauerschuldverhältnissen** über einen verpflichtenden „Kündigungsbutton" erleichtert (§ 312k BGB).

Für **Verbraucherverträge** (§ 310 III BGB), welche die **Bereitstellung digitaler Inhalte** oder Dienstleistungen gegen Entgelt zum Gegenstand haben, gelten die Sondervorschriften der §§ 327 ff. BGB. Einem Entgelt gleichgestellt ist die Bereitstellung personenbezogener Daten (§ 327 III BGB).

Der Unternehmer ist zur **Bereitstellung** der digitalen Inhalte verpflichtet (§ 327b BGB). Verletzt er diese Pflicht, so kann der Verbraucher den Vertrag nach Aufforderung beenden, sowie nach §§ 280, 281, 284 BGB Schadens- bzw. Aufwendungsersatz verlangen (§ 327c BGB).

Nach § 327d BGB ist der Unternehmer verpflichtet, die digitalen Produkte **frei von Mängeln** bereitzustellen.

Das digitale Produkt ist frei von Mängeln, wenn es
• den subjektiven Anforderungen **und**
• den objektiven Anforderungen **und**
• den Integrationsanforderungen
entspricht (§ 327e I BGB).

Zudem besteht eine **Aktualisierungspflicht** (§ 327 f. BGB).

Ist das digitale Produkt mangelhaft, kann der Verbraucher
• nach § 327l BGB Nacherfüllung verlangen,
• nach § 327m BGB den Vertrag beenden oder nach § 327n BGB den Preis mindern und
• nach den §§ 280, 327m, 284 BGB Schadens- bzw. Aufwendungsersatz verlangen.

# 6.    Beendigung von Schuldverhältnissen

Ein Schuldverhältnis besteht regelmäßig bis zu dessen **Erfüllung**, § 362 BGB. Erfüllung bedeutet, dass die richtige Leistung an den richtigen Gläubiger bewirkt wird, § 362 I BGB. Demgegenüber ist es i.d.R. unerheblich, ob die Leistung durch den Schuldner oder einen Dritten erbracht wird (§ 267 BGB).

Erfüllung kann auch an einen Dritten erfolgen, wenn dieser oder der Schuldner durch den Gläubiger dazu ermächtigt wurde, § 362 II BGB.

**Beispiel:**
Siggi schuldet dem Gerd 100 € aus einem Kaufvertrag. Da Dieter dem Siggi noch 100 € aus einem zur Rückzahlung fälligen Darlehen schuldet, sagt Siggi zu Dieter: „Zahl Du meine 100 € Schulden bei Gerd, dann sind wir quitt". Aus Sicht des Gerd stellt die Zahlung des Dieter eine Erfüllung gemäß §§ 362 I, 267 I BGB dar, aus Sicht des Siggi eine Erfüllung nach § 362 II BGB.

Neben der Erfüllung kommt eine Erfüllungswirkung auch durch andere Handlungen (Erfüllungssurrogate) in Betracht.

Das Schuldverhältnis erlischt durch eine **Leistung an Erfüllungs statt**, wenn der Gläubiger eine andere als die geschuldete Leistung annimmt (§ 364 I BGB).

**Beispiel:**
Malermeister Buntrock schuldet dem Goldfasan 1.000 € aus einem Darlehen. Da er knapp bei Kasse ist, bietet er dem Goldfasan an, dessen Wohnung kostenlos zu renovieren, dieser ist einverstanden.

Eine **Leistung erfüllungshalber** liegt vor, wenn der Schuldner eine neue Verbindlichkeit mit gleichem Inhalt übernimmt (z.B. durch Übergabe eines Schecks) und der Gläubiger sich primär aus dieser befriedigen soll. Die Erfüllungswirkung tritt erst ein, wenn der Gläubiger die Leistung aus der neuen Verbindlichkeit tatsächlich erlangt hat (§ 364 II BGB).

Werden Geld, Kostbarkeiten, Wertpapiere oder sonstige Urkunden geschuldet, so kann sich der Schuldner ggf. durch **Hinterlegung** (§§ 372 ff. BGB) beim Amtsgericht (vgl. HinterlegungsO) von seiner Verbindlichkeit befreien. Voraussetzung ist, dass der Schuldner sich nicht oder nicht mit Sicherheit von seiner Verbindlichkeit befreien kann, insbesondere beim Gläubigerverzug oder bei Ungewissheit über den Gläubiger (§ 372 BGB). Die Erfüllungswirkung tritt ein, wenn die Rücknahme aus der Hinterlegung ausgeschlossen ist (§§ 376 II, 378 BGB).

Die Beendigung des Schuldverhältnisses kann nicht nur durch Erfüllung oder Erfüllungssurrogate, sondern auch eine Reihe anderer Gründe erfolgen, deren wichtigste hier kurz betrachtet werden sollen.

Die **Aufrechnung** (§§ 387 ff. BGB) dient dazu, zwei gegenüberstehende Forderungen gleichzeitig zum Erlöschen zu bringen. Sie dient damit der Tilgungserleichterung und vereinfachten Durchsetzung. Damit eine Aufrechnung möglich ist, muss zunächst eine Aufrechnungslage (§ 387 BGB) bestehen:
- Gegenseitigkeit der Forderungen
- Gleichartigkeit
- Fälligkeit und Erfüllbarkeit

Die Gegenforderung muss durchsetzbar sein d.h. insbesondere:
- frei von Einreden (§ 390 BGB)
- Kein Aufrechnungsverbot (vertraglich oder gesetzlich, §§ 392 ff. BGB)

Sind die Aufrechnungsvoraussetzungen erfüllt, so erlöschen die Forderungen, soweit sie sich decken (§ 389 BGB) durch die Erklärung der Aufrechnung (§ 388 BGB).

**Beispiel:**
Steuerberater Kluge hat den Gastwirt Krug in einer steuerrechtlichen Angelegenheit beraten und ihm korrekterweise 200 € für sein Honorar in Rechnung gestellt. Diese Rechnung hat Krug bisher nicht bezahlt.
Kluge lässt kurze Zeit später mehrere Geschäftspartner in der Gaststätte des Krug bewirten. Als Krug ihm die Rechnung in Höhe von 220 € präsentiert, zahlt Kluge 20 € und erklärt die Aufrechnung der Restsumme.
Da sich zwei gegenseitige, fällige und einredefreie Forderungen gegenüberstehen, erlöschen die Forderungen (§ 389 BGB) durch die Erklärung der Aufrechnung (§ 388 BGB).

Ein Schuldverhältnis kann gemäß 397 BGB durch vertraglichen **Erlass** bzw. ein **negatives Schuldanerkenntnis** beendet werden.

Die Möglichkeit der Beendigung eines Schuldverhältnisses durch einen **Aufhebungsvertrag** ist zwar gesetzlich nicht ausdrücklich geregelt, ergibt sich aber aus dem Grundsatz der Vertragsfreiheit (§ 311 I BGB). Sinnvoll ist der Aufhebungsvertrag z.B. zur einvernehmlichen, kurzfristigen Beendigung von Dauerschuldverhältnissen.

Bei Dauerschuldverhältnissen kommt, sofern vertraglich vereinbart oder gesetzlich geregelt (allgemein § 314 BGB, speziell z.b. §§ 489, 543, 573c, 622, 626 BGB) eine Beendigung durch **Kündigung** in Betracht. Die Kündigung ist eine einseitige, empfangsbedürftige Willenserklärung, die das Schuldverhältnis mit Wirkung für die Zukunft beendet.

Sofern vertraglich vereinbart oder gesetzlich geregelt (insbesondere nach §§ 323, 324, 326 V BGB) wandelt das bestehende Schuldverhältnis, sofern bereits Leistungen erbracht wurden, durch **Rücktritt** in ein Rückgewährungsverhältnis um (§ 346 I BGB). Die bereits erbrachten Leistungen sind zurückzugewähren bzw. es ist Wertersatz zu leisten (§§ 346, 347 BGB).

**Beispiel:**
Tritt der Käufer eines Pkw zu Recht nach 6 Monaten wegen eines nichtbehebbaren Mangels am Fahrzeug zurück (§§ 437 Nr. 2, 326 V BGB), so hat er den Pkw zurückzugeben und Wertersatz für die 6 Monate Benutzung zu leisten, der Verkäufer hat den Kaufpreis zurückzuerstatten.

Der Rücktritt erfolgt durch einseitige, empfangsbedürftige Willenserklärung (§ 349 BGB).

# 7.    Leistungsstörungen
## a)    Grundlagen

Eine Leistungsstörung liegt vor, wenn die geschuldete Leistung aus einem Schuldverhältnis nicht oder nicht zufriedenstellend erbracht wird. Das BGB spricht diesbezüglich von einer **Pflichtverletzung**. Es können sich verschiedene Fallgruppen von Leistungsstörungen ergeben:

| Leistungsstörungen | | | |
| --- | --- | --- | --- |
| **Unmöglichkeit** | **Verzögerung** | **Schlechtleistung** | **Verletzung vorvertraglicher Pflichten (c.i.c.)** |
| - anfängliche<br>- nachträgliche | - durch den Schuldner<br>- Gläubigerverzug | - Hauptpflichtverletzung<br>- Nebenpflichtverletzung<br>- Gewährleistung | |

Bevor auf die einzelnen Leistungsstörungen näher eingegangen wird, sollen zunächst die wichtigsten Gläubigerrechte bei Leistungsstörungen im Überblick betrachtet werden. Bei Leistungsstörungen kommen insbesondere **Sekundäransprüche** in Form von **Schadensersatz** und **Rücktritt** in Betracht.

Zentrale Anspruchsgrundlage des Schadensersatzes bei **verschuldeter** Pflichtverletzung ist § 280 BGB. Diese Regelung verweist auch auf die weitergehenden Voraussetzungen der einzelnen Ansprüche. Bei Schadensersatzansprüchen ist zwischen **Schadensersatz statt der Leistung** und **Schadensersatz neben der Leistung** zu unterscheiden. Die wichtigsten Schadensersatzansprüche des allgemeinen Leistungsstörungsrechts zeigt die folgende Abbildung:[42]

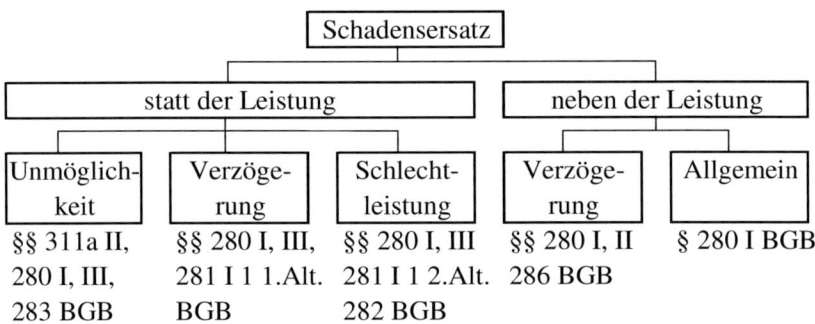

Voraussetzung für den Schadensersatzanspruch aus § 280 BGB ist, dass ein Schuldverhältnis besteht, der Schuldner eine Pflicht verletzt hat und der Schuldner die Pflichtverletzung zu vertreten hat. Letzteres wird gesetzlich vermutet, § 280 I S. 2 BGB. Was „**Vertretenmüssen**" (d.h. Verschulden) bedeutet, regeln die §§ 276-278 BGB. Der Schuldner hat grundsätzlich **Vorsatz und Fahrlässigkeit**, übernommene Garantien, das Beschaffungsrisiko und ein Verschulden seiner Erfüllungsgehilfen zu vertreten.

Bei gegenseitigen Verträgen kommt bei Leistungsstörungen ein **Rücktrittsrecht** gemäß §§ 323 ff. BGB in Betracht, ohne dass hierfür ein Verschulden des Schuldners gefordert wird.

Die Regelung der Rücktrittsrechte erfolgt dabei parallel zu den Ansprüchen auf Schadensersatz statt der Leistung:[43]

---

[42] In Anlehnung an: *Pechstein, Christoph/Bäumer, Michael*: Grundlagen Zivilrecht 2, 2. Auflage, Münster 2005, S. 16.

[43] In Anlehnung an: *Pechstein, Christoph/Bäumer, Michael*: Grundlagen Zivilrecht 2, 2. Auflage, Münster 2005, S. 18.

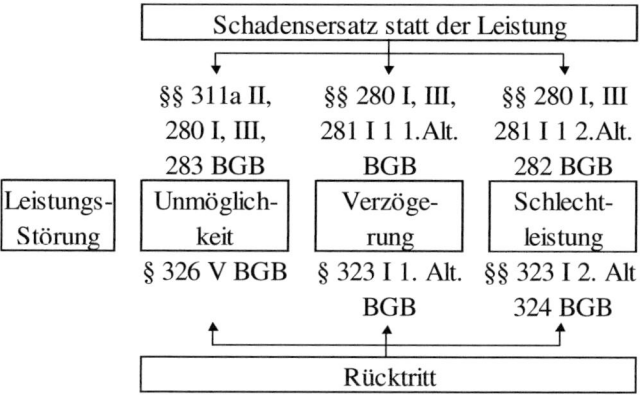

Liegt ein Rücktrittsrecht vor, so kann der Rücktritt erklärt werden (§ 349 BGB), Rechtsfolge ist das Erlöschen noch bestehender Erfüllungsansprüche und Anspruch auf Rückgewähr der bereits erbrachten Leistungen (§§ 346 ff. BGB).

Nachfolgend sollen die einzelnen Regelungen zu den allgemeinen Leistungsstörungen näher betrachtet werden.

## b)    Unmöglichkeit

Unmöglichkeit bedeutet, dass die geschuldete Leistung entweder durch den Schuldner nicht erbracht werden kann oder dass niemand die geschuldete Leistung erbringen kann (§ 275 I BGB).

Die Unmöglichkeit kann bereits bei Entstehung des Schuldverhältnisses vorliegen (anfängliche Unmöglichkeit) oder im Nachhinein eintreten (nachträgliche Unmöglichkeit).

**Beispiel:**
Klaus Kunde interessiert sich für den Kauf eines Jahreswagens eines bestimmten Typs und in einer bestimmten Ausstattung. Der Kfz-Händler Siggi Schrauber verkauft ihm ein entsprechendes Fahrzeug, mit der Vereinbarung, dieses nächste Woche gegen Zahlung des Kaufpreises zu liefern.
Wird das Fahrzeug vor der Übergabe zerstört, ist die Übergabe und Übereignung (§ 433 I S. 1 BGB) für jeden nachträglich unmöglich geworden.
Handelt es sich demgegenüber um ein gestohlenes Fahrzeug, so ist zwar dem Schrauber die Übereignung von Anfang an unmöglich (vgl. § 935 I BGB), der Eigentümer könnte demgegenüber die geschuldete Leistung erbringen.

Der Unmöglichkeit gleichgestellt sind die Fälle, in denen dem Schuldner die Leistung nach Treu und Glauben nicht zugemutet werden kann (§ 275 II, III BGB) und er deshalb die Leistung verweigert.

**Beispiel:**
Dem Verkäufer eines Rings fällt der Ring auf dem Weg zum Käufer in einen Fluss. Theoretisch wäre die geschuldete Leistung (= Übergabe und Übereignung des Rings, § 433 I S. 1 BGB) noch möglich. Der dafür erforderliche Aufwand kann dem Gläubiger jedoch nicht zugemutet werden, so dass er nach § 275 II BGB die geschuldete Leistung verweigern kann.

**Zu Beachten** ist, dass Unmöglichkeit bei Zerstörung einer Sache dann nicht vorliegt, wenn es sich um eine Gattungsschuld handelt (Beschaffungsrisiko § 276 BGB), es sei denn, diese wurde konkretisiert (§ 243 II BGB).

Ein Vertrag ist trotz Unmöglichkeit wirksam, auch wenn es sich um eine anfängliche Unmöglichkeit handelt (§ 311a I BGB).

Aus Unmöglichkeit ergeben sich folgende **Rechtsfolgen:**

- Wegfall der (Primär-)Leistungspflicht § 275 I BGB bzw. Leistungsverweige-rungsrecht § 275 II, III BGB
- Schadensersatz statt der Leistung:
    - bei anfänglicher Unmöglichkeit, sofern der Schuldner die Unmöglich-keit kannte/kennen musste §§ 275 IV, 311a II BGB. Die Kenntnis bzw. zu vertretende Unkenntnis wird gesetzlich vermutet.
    - bei nachträglicher Unmöglichkeit, sofern der Schuldner die Unmög-lichkeit zu vertreten hat, was gesetzlich vermutet wird §§ 275 IV, 280 I, III, 283 BGB.
- ggf. Aufwendungsersatz anstelle des Schadensersatzes § 284 BGB
- ggf. Herausgabe des Erlangten § 285 BGB

Erlangt i.S.d. § 285 BGB ist ein Vermögensvorteil, der an die Stelle der unmög-lich gewordenen Leistung durch die Umstände, die zur Unmöglichkeit geführt haben, getreten ist.

**Beispiele:**
Eine bereits verkaufte, aber noch nicht übereignete Sache wird an einen Dritten verkauft und übereignet, dadurch wird die Übereignung an den Erstkäufer un-möglich. Der Verkaufserlös wird durch den zur Unmöglichkeit führenden Um-stand (Verkauf und Übereignung der geschuldeten Sache) erlangt und kann so-mit nach § 285 herausverlangt werden.

Für die Zerstörung des Kaufgegenstandes vor der Übereignung an den Käufer entsteht ein Schadensersatzanspruch gegenüber dem Schädiger oder ein Anspruch auf Zahlung einer Versicherungssumme. Der Schadensersatzanspruch bzw. Zahlungsanspruch gegen die Versicherung wird durch den zur Unmöglichkeit führenden Umstand (Zerstörung der geschuldeten Sache) erlangt. Der Käufer kann somit Abtretung des Anspruchs nach § 285 BGB verlangen.

Bei **gegenseitigen Schuldverhältnissen** ist noch zusätzlich zu klären, was aus der Gegenleistung wird. Dies regelt § 326 BGB:

- Gegenleistungspflicht entfällt § 326 I BGB bzw. erbrachte Leistungen können zurückgefordert werden § 326 IV BGB
- Bei vom Gläubiger zu vertretender Unmöglichkeit bzw. Annahmeverzug bleibt der Gegenleistungsanspruch bestehen § 326 II BGB
- Verlangt der Gläubiger Herausgabe des Erlangten nach § 285 BGB bleibt der Gegenleistungsanspruch bestehen § 326 III BGB
- Rücktrittsrecht § 326 V BGB

**Beispiel:**
Der Kfz-Händler Siggi Schrauber verkauft Klaus Kunde einen gebrauchten VW Golf gegen Zahlung von 8.000 €. Das Fahrzeug soll in der kommenden Woche gegen Zahlung des vereinbarten Kaufpreises übergeben werden. Noch vor der Übergabe wird das Fahrzeug trotz ordnungsgemäßer Sicherung gestohlen. Der Dieb verursacht einen Unfall, bei dem das Fahrzeug zerstört wird.

Die Erfüllung des Kaufvertrags wird für den Verkäufer nachträglich unmöglich. Aufgrund der Unmöglichkeit wird der Schuldner (Schrauber) nach § 275 I BGB von seiner Leistungspflicht (= Übergabe und Übereignung, § 433 I BGB) befreit. Kunde kann somit von Schrauber die Übergabe und Übereignung des Fahrzeugs nicht mehr verlangen.

Ein Anspruch auf Schadens- oder Aufwendungsersatz nach §§ 280, 283, 284 BGB scheidet ebenfalls aus, da die Unmöglichkeit vom Schuldner (Schrauber) nicht zu vertreten ist, sondern von einem Dritten.

Da die Unmöglichkeit auch nicht vom Gläubiger (Kunde) verschuldet wird, entfällt nach § 326 I BGB der Anspruch des Schrauber auf die Gegenleistung (= Kaufpreiszahlung, § 433 II BGB).

Kunde könnte sich jedoch den Anspruch des Schrauber auf Schadensersatz (aus § 823 I BGB) wegen der Zerstörung des Fahrzeugs gegenüber dem Dieb nach § 285 BGB abtreten lassen, dann bliebe er zur Zahlung des Kaufpreises verpflichtet (326 III BGB). Insofern wäre dies nur sinnvoll, wenn einerseits der Schadensersatzanspruch höher ist, als der vereinbarte Kaufpreis und andererseits der Dieb zu ermitteln und der Schadensersatzanspruch von diesem zu erlangen ist.

Nachfolgende Übersicht zeigt die Rechtsfolgen der Unmöglichkeit im Überblick:

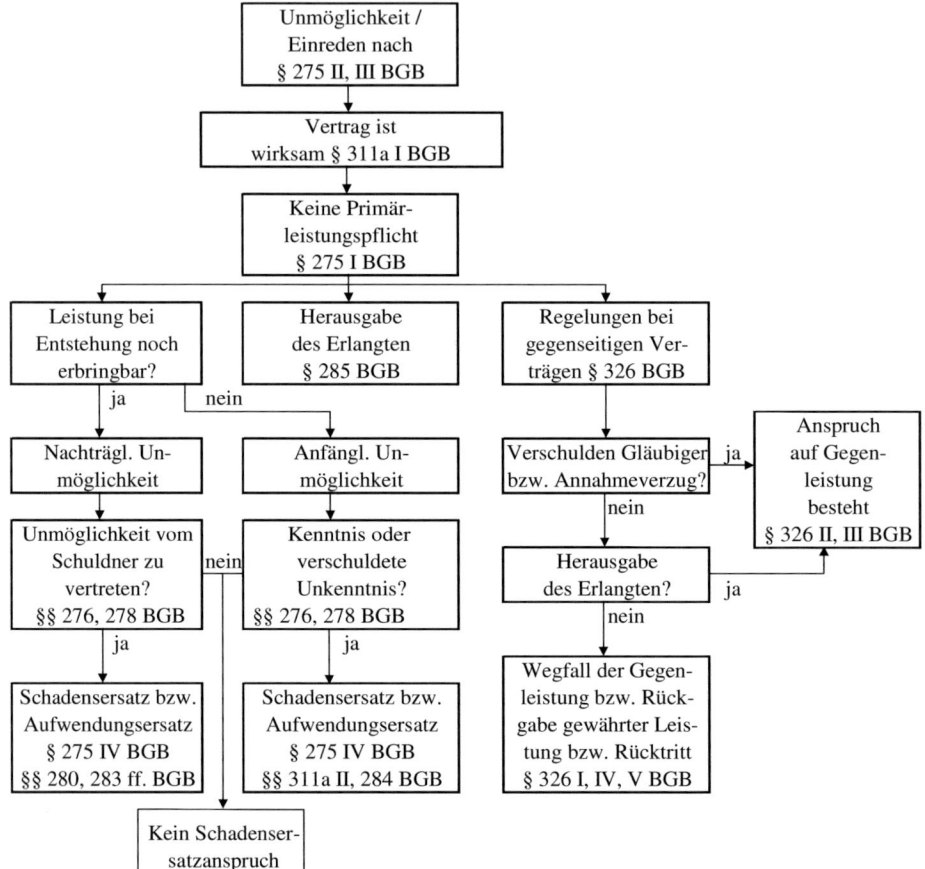

## c) Leistungsverzögerung

Erbringt der Schuldner **trotz Fälligkeit** die an sich mögliche Leistung nicht, so kann der Gläubiger die Leistung weiterhin verlangen aber auch unter bestimmten Voraussetzungen vom Vertrag zurücktreten, Schadensersatz statt der Leistung verlangen oder neben der Leistung die Rechte geltend machen, die für den Verzug des Schuldners vorgesehen sind.

Leistet der Schuldner trotz Fälligkeit nicht, so kann der Gläubiger unter folgenden Voraussetzungen vom Vertrag **zurücktreten**:

• nach Verstreichen einer angemessenen Nachfrist § 323 I BGB
• bei endgültiger Verweigerung der Leistung § 323 II Nr. 1 BGB
• bei Fixgeschäften § 323 II Nr. 2 BGB

Hat der Schuldner die Verspätung **zu vertreten**, so kann der Gläubiger **Schadensersatz statt der Leistung** nach §§ 280, 281 BGB bzw. Aufwendungsersatz nach § 284 BGB verlangen:

• nach Verstreichen einer angemessenen Nachfrist § 281 I BGB
• bei endgültiger Verweigerung der Leistung bzw. unter besonderen Umständen § 281 II BGB

**Beispiel:**
Münzensammler Goldig bestellt beim Münzenhändler Dukat eine demnächst erscheinende seltene Münze im Vorverkauf für 200 €. Dukat sagt die Lieferung bei Ausgabe zu. Da sein Vorlieferant nicht lieferfähig ist, kann Dukat dem Goldig die Münze bei Ausgabe nicht liefern. Goldig setzt ihm eine Frist von zwei Wochen und lässt sich die Münze danach vom lieferfähigen Händler Clever liefern, der ihm 300 € in Rechnung stellt.

Goldig kann von Dukat 100 € Schadensersatz nach §§ 280 I, III, 281 I BGB verlangen, da Dukat seine vertragliche Verpflichtung (§ 433 I BGB) trotz angemessener, nach Fälligkeit gesetzter Nachfrist nicht erfüllt hat. Die Verspätung hat er zu vertreten, da er nach § 276 I BGB das Beschaffungsrisiko trägt.

Damit Schuldnerverzug vorliegt, müssen bestimmte **Voraussetzungen** erfüllt sein:

- Fälligkeit der Leistung
- Mahnung bzw. gerichtliche Geltendmachung § 286 I BGB
- ohne Mahnung tritt Verzug bei Nichteinhaltung eines vereinbarten Leistungs-**termins** oder Verstreichen einer angemessenen vereinbarten **Frist ab einem Ereignis** oder endgültiger **Verweigerung** der Leistung oder **aus besonderen Gründen** ein § 286 II Nr. 1-4 BGB
- bei **Geldschulden** spätestens 30 Tage nach Fälligkeit und Rechnungszugang, bei Verbrauchern allerdings nur bei einem besonderen Hinweis § 286 III BGB
- Verschulden, welches gesetzlich vermutet wird, § 286 IV BGB

**Rechtsfolgen** bei Schuldnerverzug:

- Ersatz des Verzugsschadens § 280 II BGB
- Haftungsverschärfung § 287 BGB
- Verzugszinsen bei Geldschulden: 5 Prozentpunkte bzw. unter Unternehmern 9 Prozentpunkte über dem Basiszinssatz[44] sowie 40 € Verzugspauschale gegenüber Unternehmern § 288 BGB[45]

**Beispiel:**
Viktor verkauft seinen gebrauchten Pkw an Kurth für 5.000 €. Im schriftlichen Kaufvertrag ist vereinbart, dass Viktor den Pkw am 10.05. an Kurth übergeben soll. Viktor versäumt aus Nachlässigkeit den 10.05. Da Kurth am 11.05. einen dringenden Termin hat, nimmt er sich einen Mietwagen, dafür entstehen ihm Kosten in Höhe von 100 €.

Viktor befindet sich im Verzug. Voraussetzung ist zwar gemäß § 286 I BGB eine Mahnung nach Eintritt der Fälligkeit. Vorliegend ist die Mahnung jedoch entbehrlich, da für die Lieferung ein Termin vereinbart wurde, § 286 II Nr. 1 BGB. Die Nachlässigkeit des Viktor stellt Fahrlässigkeit nach § 276 II BGB dar, so dass er die Verspätung gemäß § 286 IV BGB zu vertreten hat. Viktor befindet sich somit in Verzug und hat Kurth die Schäden zu ersetzen, die ihm bei rechtzeitiger Lieferung erspart geblieben wären. Hätte Viktor rechtzeitig geliefert, so wären dem Kurth die 100 € für den Mietwagen erspart geblieben.

Kurth hat somit Anspruch auf Schadensersatz in Höhe von 100 € gemäß §§ 280 I, II, 286 BGB.

---

[44] –0,88 % seit 1.7.2016, § 247 BGB, vgl. www.basiszins.de.
[45] Bis 28.07.2014 unter Unternehmern 8 Prozentpunkte und keine Pauschale.

Nachfolgend ein Überblick über die Rechte bei Verzögerung der Leistung:

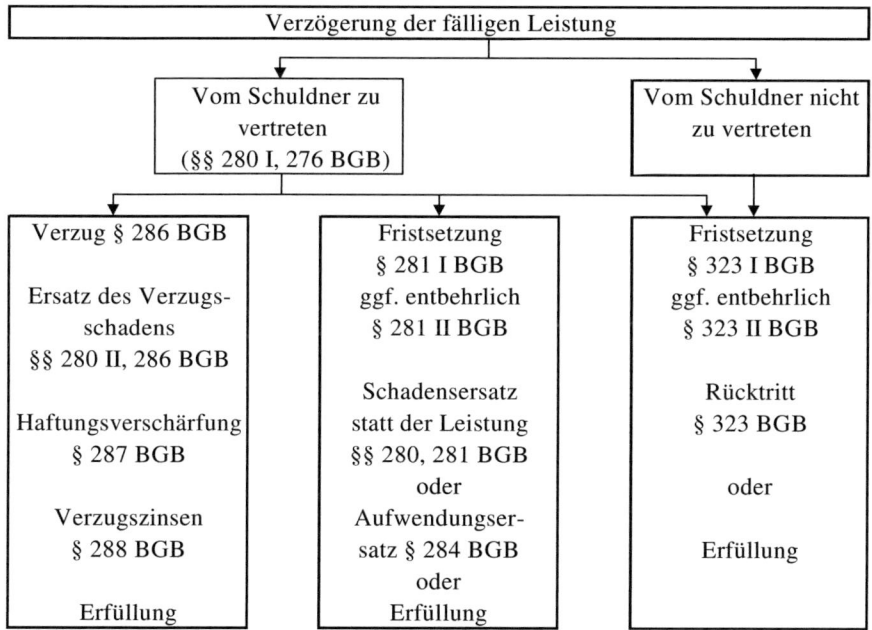

Der praktisch weniger bedeutsame Fall des **Gläubigerverzug**es tritt ein, wenn der Gläubiger die ihm ordnungsgemäß angebotene Leistung nicht annimmt, unabhängig von einem Verschulden (§§ 293, 294 BGB).

**Rechtsfolgen** bei Gläubigerverzug:
• Haftungserleichterung für den Schuldner § 300 I BGB
• Gefahrenübergang bei Gattungsschulden § 300 II BGB
• Ersatz von Mehraufwendungen § 304 BGB

**Beispiel:**
Der Möbelkäufer vergisst den vereinbarten Termin für die Lieferung durch den Verkäufer und ist nicht anwesend, so dass dieser die Möbel wieder mitnehmen muss.

Die Mehrkosten für die erneute Lieferung und evtl. Lagerkosten kann der Händler vom Käufer nach § 304 BGB ersetzt verlangen, da sich der Käufer durch die Nichtabnahme der ordnungsgemäß angebotenen Leistung nach §§ 293, 294 BGB im Annahmeverzug befindet.

## d) Schlechtleistung

Bei der Schlechtleistung ist **zunächst zu prüfen**, ob der jeweilige Fall im besonderen Schuldrecht im Rahmen der **Mängelhaftung** geregelt ist. Gibt es spezielle Mängelhaftungsregelungen, so haben diese Vorrang vor den allgemeinen Regelungen im Leistungsstörungsrecht.

Besondere Rechte bei Mängeln sind insbesondere im Kauf-, Werk-, Miet- und Reisevertragsrecht geregelt. Bei anderen Vertragsarten ist die mangelhafte Leistung demgegenüber gar nicht geregelt, etwa beim Dienstvertrag oder Auftrag. Zu beachten ist jedoch, dass das allgemeine Leistungsstörungsrecht neben den speziellen Mängelhaftungsregelungen trotzdem eine Rolle spielen kann.

**Schlechtleistung** liegt vor, wenn der Schuldner die Leistung an sich zwar erbringt, aber die erbrachte Leistung nicht ordnungsgemäß ist oder Sorgfalts- oder Nebenpflichten nach § 241 II BGB verletzt werden. Im Fall der Schlechtleistung kommen Schadensersatz neben der Leistung, Schadensersatz statt der Leistung oder Rücktritt vom Vertrag in Betracht.

Nach § 280 I BGB kann **Schadensersatz** neben der Leistung verlangt werden, wenn die Pflichtverletzung durch den Schuldner zu vertreten ist (§§ 276, 278 BGB).

**Beispiel:**
Rechtsanwalt Advokat wird vom Mandanten Streit beauftragt, eine Kaufpreisforderung gegen den Käufer Säumig nach erfolgloser Mahnung einzuklagen. Zu diesem Zweck übergibt Streit dem Advokat die einzig vorhandene Kaufvertragsurkunde zu treuen Händen. Versehentlich legt Advokat die Urkunde auf einen Stapel zu vernichtender Papiere, von denen der Aktenvernichter nur einen Haufen Papierschnipsel übrig lässt. Wegen der fehlenden Urkunde als einzigem Beweisstück für den Kaufvertrag verliert Advokat den Prozess.

Advokat hat im Rahmen eines Schuldverhältnisses (Dienstvertrag § 611 BGB) die ihm nach § 241 II BGB obliegende Pflicht, auf die Rechte, Rechtsgüter und Interessen des anderen Vertragspartners Rücksicht zu nehmen, verletzt. Daraus resultierend ist dem Streit Schaden entstanden (Folgen des verlorenen Prozesses). Da Advokat fahrlässig (§ 276 II BGB) gehandelt hat, liegt eine von ihm zu vertretende Pflichtverletzung vor. Advokat haftet somit dem Streit gegenüber auf Schadensersatz nach § 280 I BGB.

**Schadensersatz statt der Leistung** bei Verschulden kann der Gläubiger nur verlangen:

- nach § 281 I S. 1, 3 BGB bei nicht ordnungsgemäßer Leistung nach Fristsetzung bei erheblicher Pflichtverletzung oder
- nach § 282 BGB bei Obliegenheitspflichtverletzung und Unzumutbarkeit der Leistung

Unabhängig vom Verschulden kommt ein **Rücktritt** vom Vertrag in Betracht:

- nach § 323 I, § 323 V S. 2 BGB bei nicht ordnungsgemäßer Leistung nach Fristsetzung bei erheblicher Pflichtverletzung oder
- nach § 324 BGB bei Obliegenheitspflichtverletzung und Unzumutbarkeit der Leistung
- nach § 325 BGB wird durch Rücktritt der Anspruch auf Schadensersatz nicht ausgeschlossen

**Beispiel:**
Günther Pech beauftragt den Malermeister Klecksel mit der Renovierung seiner Wohnung. Dieser schickt seinen Gesellen Streich. Der beginnt mit den Arbeiten, ist dabei aber mehrmals unachtsam. Nachdem er zunächst den wertvollen Perserteppich des Pech mit Farbe beschmutzt hat und von diesem abgemahnt wurde, stößt er aus Unachtsamkeit mit seiner Leiter an den teuren Konzertflügel des Pech, der einen tiefen Kratzer bekommt. Als er schließlich eine alte Vase des Pech fallen lässt, wobei diese zu Bruch geht, hat Pech genug und will sich vom Vertrag lösen sowie Schadensersatz von Klecksel verlangen.

Pech kann wegen der Schäden zunächst Schadensersatz nach § 280 I BGB verlangen. Klecksel hat im Rahmen eines Schuldverhältnisses (Werkvertrag § 631 BGB) die ihm nach § 241 II BGB obliegende Pflicht, auf die Rechte, Rechtsgüter und Interessen des anderen Vertragspartners Rücksicht zu nehmen, verletzt. Daraus resultierend ist dem Pech Schaden entstanden. Klecksel muss sich die Fahrlässigkeit (§ 276 II BGB) seines Gesellen nach § 278 BGB zurechnen lassen, da dieser sein Erfüllungsgehilfe ist. Weiterhin kann Pech nach § 324 BGB vom Vertrag zurücktreten, da ihm die weitere Leistungserbringung unzumutbar ist. Aufgrund der mehrfachen, erheblichen Pflichtverletzungen kann ihm ein Festhalten am Vertrag nicht zugemutet werden. Nach § 325 BGB wird durch den Rücktritt der Anspruch auf Schadensersatz nicht ausgeschlossen.
Sofern für die Fertigstellung der Arbeiten durch einen anderen Maler Mehrkosten entstehen, kann er auch nach §§ 280 I, III, 282 BGB Schadensersatz statt der Leistung verlangen.

## e) Verletzung vorvertraglicher Pflichten

Nach § 311 II BGB entsteht ein Schuldverhältnis bereits im Rahmen eines vorvertraglichen Verhältnisses. Ein **vorvertragliches Verhältnis** kann entstehen durch:

- Vertragsverhandlungen
- Vertragsanbahnung
- ähnliche geschäftliche Kontakte.

Im Rahmen dieses Schuldverhältnisses bestehen **Sorgfalts- und Nebenpflichten** nach § 241 II BGB. Eine schuldhafte Verletzung dieser Pflichten („culpa in contrahendo", c.i.c.) begründet einen Anspruch auf **Schadensersatz** nach § 280 I BGB.

Gemäß § 311 III BGB werden in den Schutzbereich des § 241 II BGB auch solche Personen mit aufgenommen, die selbst nicht Vertragspartei werden sollen, wie etwa Begleitpersonen des potentiellen Vertragspartners.

**Beispiel:**
Erna Baumann, eine begeisterte Heimwerkerin, sucht den Baumarkt „Selbsthilfe OHG" auf, da dieser ein Sonderangebot an Motorkettensägen inseriert hat und Frau Baumann am Erwerb eines solchen Gerätes sehr interessiert ist. Im Ladenlokal der OHG lässt sie sich von Gerald Fahrig, einem bei der OHG angestellten Verkäufer, ausführlichst beraten. Während dieses Beratungsgespräches stößt Herr Fahrig, der bei der OHG seit fast 20 Jahren beschäftigt und als äußerst sorgfältig, umsichtig und vorsichtig bekannt ist, in Folge einer Unachtsamkeit den meterhohen Stapel mit verpackten Motorsägen um. Frau Baumann wird von einer der herabfallenden Sägen am Kopf verletzt.

Zwischen Frau Baumann und der OHG sind Vertragsverhandlungen aufgenommen worden. Damit ist gem. § 311 II Nr. 1 BGB ein Schuldverhältnis mit Pflichten nach § 241 II BGB entstanden. Zu diesen Pflichten gehört es u. a., Rechtsgüter wie z.B. Körper, Gesundheit und Eigentum des anderen Teiles nicht zu verletzen. Diese Pflichten hat die OHG verletzt, indem Frau Baumann durch die Säge verletzt wurde. Das Verschulden des Herrn Fahrig (hier: Fahrlässigkeit, § 276 II BGB) muss sich die OHG nach § 278 BGB zurechnen lassen. Dieser ist Erfüllungsgehilfe hinsichtlich ihrer Verpflichtungen. Damit ist die OHG nach §§ 280 I, 311 II, 241 II BGB schadensersatzpflichtig.

# 8.    Störung der Geschäftsgrundlage

Beim Abschluss eines Vertrags werden meist stillschweigend beiderseits vorausgesetzte Umstände (= Geschäftsgrundlage) zugrunde gelegt.

Eine Änderung der Geschäftsgrundlage liegt vor, wenn sich die Umstände, die Grundlage eines Vertrags bei dessen Abschluss waren, wesentlich geändert haben, ohne dass diese Veränderung von den Vertragspartnern vorausgesehen wurde. Ist aufgrund dieser Änderung einem Vertragspartner das Festhalten am unveränderten Vertrag nicht zumutbar, so kann dessen Anpassung verlangt werden, § 313 I BGB.

Ist die Anpassung unmöglich oder unzumutbar, besteht nach § 313 III BGB die Möglichkeit des Rücktritts oder der Kündigung.

**Beispiel:**
Fußballfan Lothar hat leider keine Karte für das ausverkaufte Spiel seines Lieblingsvereins FCB beim Spiel im heimischen Stadion ergattert. Wohnungseigentümer Franz, dessen Balkon einen herrlichen Blick auf das Stadion ermöglicht, bietet dem Lothar an, ihm den Balkon für 50 € zu vermieten. Lothar nimmt das Angebot begeistert an. Leider wird das geplante Spiel jedoch wegen eines unerwarteten, heftigen Wintereinbruchs abgesagt.
Da das Fußballspiel Geschäftsgrundlage für das Mieten des Balkons war und dieser ansonsten von Lothar nicht angemietet worden wäre, ist die Geschäftsgrundlage nachträglich entfallen, § 313 I BGB. Lothar ist ein Festhalten am Vertrag nicht zumutbar. Eine Anpassung des Vertrags an die geänderten Verhältnisse ist nicht möglich, da die Miete des Balkons für Lothar aufgrund des abgesagten Spiels sinnlos ist. Somit kann sich Lothar nach § 313 III BGB einseitig vom Vertrag lösen und muss die 50 € folglich nicht zahlen.

Der Änderung der Geschäftsgrundlage gleichgestellt sind Fälle, bei denen die beiderseits zugrunde gelegten Umstände überhaupt nicht vorgelegen haben (§ 313 II BGB).

Zu beachten ist, dass die Regelung zur Störung der Geschäftsgrundlage nur dann relevant ist, wenn der betreffende Sachverhalt nicht bereits vertraglich geregelt ist, da eine vertragliche Regelung Vorrang hat.

# 9.    Leistungsverweigerungsrechte

Besteht ein Anspruch, kann dieser einredenbehaftet sein, d.h. der Anspruchsgegner kann die Erfüllung des Anspruchs verweigern. Bei den **Einreden** ist zwischen **dauernden** (peremptorischen) und **vorübergehenden** (dilatorischen) zu
unterscheiden. Wichtige dauernde Einreden sind die Einrede der Verjährung
gemäß § 214 I BGB[46] sowie die Einreden nach § 275 II, III BGB.[47]

Hier sollen zwei wichtige vorübergehende Einreden betrachtet werden: das Zu-
rückbehaltungsrecht nach § 273 BGB sowie die Einrede des nichterfüllten Vertrags nach § 320 BGB.

Wenn dem Schuldner **aus demselben Rechtsverhältnis** mit dem Gläubiger ein
**fälliger Anspruch** zusteht, kann er seine Leistung verweigern, bis der Gläubiger
seine Leistung erbracht hat, § 273 I BGB. Ansprüche aus demselben Rechtsverhältnis meint hierbei keine Ansprüche aus einem gegenseitigen Schuldverhältnis, erforderlich ist nur ein innerlich zusammengehöriges einheitliches Lebens-
verhältnis, etwa bei Ansprüchen aus unterschiedlichen Verträgen bei laufender
Geschäftsverbindung.

Steht dem Schuldner gegen den Gläubiger ein fälliger **Anspruch** zu, der sich
aus einem **gegenseitigen Schuldverhältnis** (Synallagma) ergibt, so kann er seine Leistung bis zur Bewirkung der Gegenleistung verweigern, § 320 I BGB.
Durch diese Regelung soll ein Austausch der Leistungen „Zug um Zug" erreicht
werden. Die Einrede des nichterfüllten Vertrags kann nicht erhoben werden,
wenn der Schuldner vorleistungspflichtig ist.

**Beispiel:**
Kurt kauft bei Viktor Winterreifen für seinen Pkw. Viktor kann die Übergabe
und Übereignung (§ 433 I BGB) der Reifen an Kurt verweigern, bis dieser den
Kaufpreis bezahlt, § 320 I BGB.
Zahlt Kurt den Kaufpreis für die Winterreifen, hat aber die vorher bereits gelieferten Felgen bei Viktor nicht bezahlt, so kann Viktor die Übergabe und Übereignung (§ 433 I BGB) der Reifen an Kurt ebenfalls verweigern, da er ein Zu-
rückbehaltungsrecht aus § 273 I BGB hat.

---

[46] Zu den Einzelheiten vgl. Kapitel B. VIII.
[47] Zu den Einzelheiten vgl. Kapitel C. I. 7. b).

# 10. Schuldverhältnisse mit Drittwirkung
## a) Überblick

Normalerweise entfaltet ein Schuldverhältnis nur rechtliche Wirkungen zwischen Schuldner und Gläubiger (Relativität des Schuldverhältnisses). Abweichend von diesem Normalfall kann jedoch ein Dritter durch Vertrag begünstigt werden (Vertrag zugunsten Dritter) oder in den Schutzbereich eines Vertragsverhältnisses einbezogen sein (Vertrag mit Schutzwirkung zugunsten Dritter). In speziellen Fällen kann der Schaden eines Dritten durch den Anspruchsinhaber, der selbst keinen Schaden hat, geltend gemacht werden (Drittschadensliquidation). Ferner besteht die Möglichkeit, dass der Gläubiger oder der Schuldner bei einem fortbestehenden Schuldverhältnis wechseln.

## b) Vertrag zugunsten Dritter

Die Parteien eines Vertrags können vereinbaren, dass die geschuldete Leistung nicht an den Vertragspartner, sondern an einen Dritten erbracht werden soll.

**Beispiel:**
Versicherungsnehmer Siegel schließt eine Lebensversicherung ab. Die Versicherungssumme soll im Fall seines Todes an seinen Sohn ausgezahlt werden.

Beim Vertrag zugunsten Dritter wird der Schuldner als Versprechender, der Gläubiger als Versprechensempfänger und der Dritte als Begünstigter bezeichnet. Das Rechtsverhältnis zwischen Gläubiger und Schuldner ist das Deckungsverhältnis, das zwischen Gläubiger und Dritten das Valutaverhältnis.

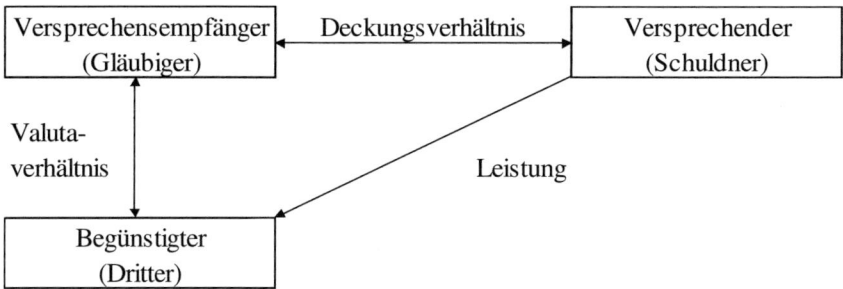

Beim Vertrag zugunsten Dritter ist zwischen dem echten Vertrag zugunsten Dritter (§ 328 I BGB) – bei dem der Dritte einen eigenen Anspruch erwirbt – und dem unechten Vertrag zugunsten Dritter – bei dem der Dritte keinen eigenen Anspruch erwirbt – zu unterscheiden. Ob ein echter oder unechter Vertrag zugunsten Dritter vorliegt, ist durch Auslegung zu ermitteln (§ 328 II BGB).

Die Verpflichtung des Schuldners, an einen Dritten zu leisten, soll seine Rechtsstellung nicht verschlechtern. Deshalb stehen dem Versprechenden alle Einwendungen aus dem Deckungsverhältnis auch dem Dritten gegenüber zu (§ 334 BGB).

## c)     Vertrag mit Schutzwirkung zugunsten Dritter

Die sich aus § 241 II BGB ergebende Sorgfaltspflicht des Schuldners kann nicht nur gegenüber dem Vertragspartner, sondern auch gegenüber Dritten bestehen. Die Rechtsfigur des Vertrags mit Schutzwirkung zugunsten Dritter stellt eine gewohnheitsrechtliche Rechtsfortbildung auf Basis des Grundsatzes von Treu und Glauben (§ 242 BGB) dar. Für den Fall der Verletzung vorvertraglicher Pflichten findet sich eine konkrete Regelung in § 311 III BGB.

Voraussetzungen für das Vorliegen eines Vertrags mit Schutzwirkung zugunsten Dritter (VSD) sind:

- Leistungsnähe des Dritten
  der Dritte muss bestimmungsgemäß mit der geschuldeten Leistung in Berührung kommen und hierdurch den Gefahren einer Pflichtverletzung des Schuldners ebenso ausgesetzt sein, wie der Gläubiger selbst
- Gläubigernähe
  seitens des Gläubigers muss ein eigenes, schutzwürdiges Interesse an der Einbeziehung des Dritten in den Schutzbereich des Vertrags vorhanden sein
- Erkennbarkeit für den Schuldner
- Schutzbedürftigkeit des Dritten
  diese entfällt, wenn dem Dritten eigene vertragliche Ansprüche zustehen, die denselben oder zumindest einen gleichwertigen Inhalt haben

Durch den Vertrag mit Schutzwirkung für Dritte erhält der Dritte einen eigenen Anspruch (§§ 280 I, 241 II i.V.m. VSD) gegen den Schädiger.

### Beispiel:[48]
Der öffentlich bestellte und vereidigte Bausachverständige Grund hat ein Verkehrswertgutachten für den Eigentümer eines Grundstücks erstellt, der dringend einen Kredit benötigt. Der Grundstückswert wurde von Grund schuldhaft mit 250.000 € beziffert, obwohl der tatsächliche Wert nur 150.000 € beträgt. Auf der Grundlage des Gutachtens gewährt die Sparkasse Amberg ein Darlehen in Höhe von 200.000 € gegen Eintragung einer Grundschuld als Sicherheit.

---

[48] In Anlehnung an *BGH*, Urteil vom 13. November 1997 – X ZR 144/94.

Nachdem der Kredit nicht mehr bedient werden kann, betreibt die Sparkasse die Zwangsvollstreckung in das Grundstück, wobei der tatsächliche Wert des Grundstücks ermittelt wird. Der Sparkasse fällt ein Betrag in Höhe von 75.000 € aus, den sie als Schadensersatzanspruch gegenüber dem Gutachter geltend macht.

Der Schadensersatz kann nach §§ 280 I, 241 II BGB i.V.m. VSD geltend gemacht werden, da die Kreditgeberin in die Schutzwirkung des Vertrags über die Erstattung des Gutachtens durch den Sachverständigen zum Wert des Grundstücks einbezogen ist. Das Gutachten hat den erkennbaren Zweck, Dritten als Entscheidungsgrundlage für Vermögensdispositionen vorgelegt zu werden. Somit bestehen erkennbar Leistungs- und Gläubigernähe des Kreditgebers.

## d)     Drittschadensliquidation

Die Drittschadensliquidation kommt in Betracht, wenn der Vertragspartner einen Ersatzanspruch, aber keinen Schaden, der Dritte einen Schaden, aber keinen Anspruch hat.

Voraussetzungen der Drittschadensliquidation sind:

• Der Schaden liegt nicht beim Anspruchsinhaber
• Der Geschädigte hat keinen Anspruch
• Zufällige Verlagerung des Schadens vom Anspruchsinhaber auf den Geschädigten

Durch die Drittschadensliquidation kann der Ersatzberechtigte den beim Dritten eingetretenen Schaden gegenüber dem Ersatzverpflichteten geltend machen und hat diesen nach § 285 BGB an den Geschädigten abzutreten.

**Beispiel:**
Privatperson Peter aus Berlin verkauft an Paul aus Leipzig einen alten Bauernschrank. Beide vereinbaren, dass Peter den Schrank nach Leipzig versenden soll. Peter beauftragt den Fuhrunternehmer Zufall mit dem Transport. Zufall wird auf dem Weg nach Leipzig unverschuldet in einen Unfall verwickelt, den Rudolf grob fahrlässig verursacht hat. Dabei wird der Schrank völlig zerstört.
Da das Eigentum nach § 929 S. 1 BGB noch nicht auf Paul übergegangen ist, war Peter zur Zeit der Zerstörung noch Eigentümer. Ein Schadensersatzanspruch nach § 823 I BGB wegen Schädigung des Eigentums gegen Rudolf scheidet jedoch aus, da Peter keinen Schaden hat.

Da die Preisgefahr nach § 447 I BGB[49] bereits mit Übergabe an Zufall auf Paul übergegangen ist, behält er seinen Anspruch auf Zahlung, wird jedoch nach § 275 I BGB von seiner Leistungspflicht befreit. Paul hat demgegenüber zwar einen Schaden, da er zahlen muss ohne Anspruch auf den Schrank zu haben, jedoch keinen Anspruch aus § 823 I BGB, da er bei Zerstörung noch nicht Eigentümer war. Die Schadensverlagerung auf Paul ist zufällig.

Paul muss an Peter den Kaufpreis zahlen, kann jedoch gemäß § 285 BGB i.V.m. Drittschadensliquidation von Peter Herausgabe des Anspruchs des Peter gegen Rudolf aus § 823 I BGB verlangen.

In diesem Zusammenhang ist darauf hinzuweisen, dass bei einem Verschulden des gewerblichen Transporteurs kein Fall der Drittschadensliquidation vorliegt, da der Empfänger nach § 421 I S. 2 HGB einen eigenen Anspruch gegen den Frachtführer hat.

### e)   Gläubiger- und Schuldnerwechsel

Ein Wechsel in der Person des Gläubigers wird als Forderungsabtretung oder **Zession** bezeichnet (vgl. §§ 398 ff. BGB). Hierzu ist ein Vertrag zwischen altem (Zedent) und neuem Gläubiger (Zessionar) erforderlich (§ 398 BGB). Die Zession ist insofern ein **Verfügungsgeschäft** im Sinne des Trennungsprinzips.

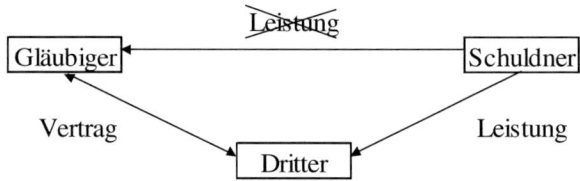

Damit eine Zession möglich ist, darf die Abtretung nicht per Gesetz (insbesondere §§ 399, 400 BGB, aber z.B. auch § 613 BGB) oder per Vertrag ausgeschlossen sein.

Der Schuldner muss nicht zwingend informiert werden, darf aber durch die Abtretung auch nicht schlechter gestellt werden. Somit stehen ihm alle Einwendungen auch gegen den neuen Gläubiger zu, § 404 BGB. In Abhängigkeit davon, ob eine Information des Schuldners erfolgt, wird zwischen offener und stiller Zession unterschieden.

---

[49] § 447 I BGB gilt jedoch i.d.R. nicht beim Verbrauchsgüterkauf, vgl. § 475 II BGB.

Das Problem der stillen Zession besteht vor allem darin, dass der neue Gläubiger alle die Forderung betreffenden Rechtsgeschäfte zwischen Schuldner und altem Gläubiger gegen sich gelten lassen muss (§ 407 I BGB). Umgekehrt muss der alte Gläubiger bei Anzeige der Zession an den Schuldner Leistungen an den neuen Gläubiger auch dann gegen sich gelten lassen, wenn die Abtretung unwirksam war (§ 409 BGB).

**Beispiel:**
Gerd hat eine fällige Kaufpreisforderung gegen Siggi, welche er an Dieter abtritt. Zahlt Siggi in Unkenntnis der Abtretung an Gerd, so wird er gemäß § 362 I, 407 I BGB von seiner Zahlungspflicht befreit.

Die Vorschriften der §§ 398 ff. BGB finden mit Ausnahme der §§ 405, 411 BGB auch auf den gesetzlichen Forderungsübergang (Legalzession, vgl. z.B. § 774 BGB) Anwendung.

Praktische Bedeutung hat vor allem die Sicherungszession zur Kreditsicherung sowie die Zession beim Forderungsverkauf (Factoring[50]).

Ein Wechsel in der Person des Schuldners erfolgt durch **Schuldübernahme** (vgl. §§ 414 ff. BGB). Da eine befreiende Schuldübernahme die Position des Gläubigers erheblich beeinträchtigen könnte, ist sie nur bei dessen Mitwirkung wirksam. Diese kann entweder durch Vertrag zwischen neuem Schuldner und Gläubiger (§ 414 BGB) oder durch Vertrag zwischen altem und neuem Schuldner mit Zustimmung durch den Gläubiger (§ 415 BGB) erfolgen.

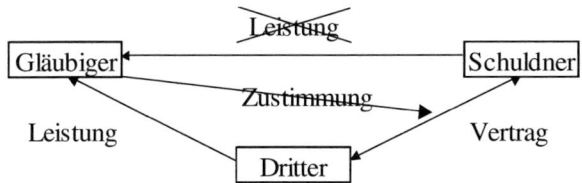

Im Gegensatz hierzu ist der (gesetzlich nicht ausdrücklich geregelte) **Schuldbeitritt** auch ohne Mitwirkung des Gläubigers wirksam, da sich dessen Rechtsstellung hierbei nur verbessert (vgl. § 421 BGB). Vom Schuldbeitritt ist allerdings die **Erfüllungsübernahme** nach § 329 BGB zu unterscheiden, bei der sich ein Dritter gegenüber dem Schuldner zur Erfüllung gegenüber dem Gläubiger verpflichtet, ohne die Schuld mit zu übernehmen.

---

[50] Zu den Einzelheiten vgl. Kapitel C. II. 1. f).

## 11.    Schuldner- und Gläubigermehrheit

Durch Schuldverhältnisse können Rechtsbeziehungen nicht nur zwischen Einzelpersonen, sondern auch zwischen Mehrheiten von Gläubigern und Schuldnern begründet werden.

Eine Mehrheit von Gläubigern kann auf verschiedene Art entstehen:

1. die Gläubiger sind bereits vor Vertragsabschluss durch ein Rechtsverhältnis verbunden (z.B. GbR)
2. die Gläubiger haben den Vertrag gemeinsam abgeschlossen (z.B. Ehegatten)
3. die Gläubiger haben einen Rechtsanspruch, der bisher einer Einzelperson zustand, gemeinsam erworben (z.B. Erbengemeinschaft).

Das BGB geht von drei möglichen Rechtsbeziehungen gegenüber dem Gläubiger aus:

1. Bei einer teilbaren Leistung nach § 420 BGB ist jeder Gläubiger zu einem gleichen Anteil berechtigt. (z.B. um einen Mengenrabatt zu erhalten, bestellen zwei Hauseigentümer gemeinsam Heizöl mit der Vereinbarung, dass jeder die Hälfte erhalten soll)
2. Im Falle der Gesamtgläubigerschaft nach § 428 BGB ist jeder Gläubiger berechtigt, die volle Leistung zu verlangen, der Schuldner jedoch nur einmal zur Leistung verpflichtet (z.B. ODER-Konto). Wird der Schuldner durch die Leistung an einen der Gesamtgläubiger frei, hat der andere Gläubiger einen internen Ausgleichsanspruch (§ 430 BGB).
3. Bei einer unteilbaren Leistung nach § 432 BGB sowie bei Gesamthands- und Bruchteilsgemeinschaften können die Gläubiger die Leistung nur gemeinschaftlich fordern und empfangen (z.B. zwei Personen bestellen gemeinsam ein Taxi, UND-Konto).

Im Falle der Schuldnermehrheit unterscheidet das BGB zwischen dem **Teilschuldverhältnis**, bei dem jeder Schuldner nur zur Erfüllung des auf ihn entfallenden Anteils der Gesamtleistung verpflichtet ist (§ 420 BGB), und dem **Gesamtschuldverhältnis**, bei dem jeder einzelne Schuldner zur gesamten Leistung verpflichtet, der Gläubiger jedoch nur einmal zum Empfang berechtigt ist (§ 421 BGB).

Ein Teilschuldverhältnis liegt z.B. vor, wenn zwei Hauseigentümer gemeinsam Heizöl mit der Vereinbarung bestellen, dass jeder die Hälfte erhalten und bezahlen soll.

Der Normalfall in der Praxis ist das Gesamtschuldverhältnis, es entsteht im Zweifel nach § 427 BGB bereits dann, wenn sich mehrere Personen durch gemeinsamen Vertragsabschluss zu einer teilbaren Leistung verpflichten.

**Beispiel:**
Vermieter Voigt vermietet seine Eigentumswohnung an die Studenten Jung und Hübsch, welche diese als Wohngemeinschaft nutzen wollen. Beide unterschreiben den Mietvertrag.
Obwohl es sich bei der Miete um eine teilbare Leistung handelt, liegt nach § 427 BGB ein Gesamtschuldverhältnis vor.

Bei Verpflichtung mehrerer zu einer unteilbaren Leistung liegt immer eine Gesamtschuld vor (§ 431 BGB).

Per Gesetz entsteht eine Gesamtschuld, wenn mehrere Personen ein geschütztes Rechtsgut schädigen, § 840 BGB.

Beim Gesamtschuldverhältnis kann der Gläubiger nach § 421 BGB die Leistung von jedem der Gesamtschuldner ganz oder zum Teil fordern. Bis zur vollständigen Leistung bleiben sämtliche Gesamtschuldner verpflichtet. Erfüllt einer der Gesamtschuldner, hat dies Erfüllungswirkung gegenüber allen Gesamtschuldnern (§ 422 I BGB).

Wird beim Gesamtschuldverhältnis ein einzelner Schuldner in Anspruch genommen, so kann er von den übrigen Schuldnern Ausgleich verlangen (§ 426 BGB).

## II. Schuldrecht BT
## 1. Vertragliche Schuldverhältnisse
## a) Überblick

| Endgültige Verschaffung einer Sache | | |
|---|---|---|
| Kaufvertrag | §§ 433 ff. BGB | Verkäufer: Übergabe und Übereignung der Kaufsache |
| | | Käufer: Kaufpreiszahlung und Abnahme |
| Tausch | § 480 BGB | Wechselseitige Übergabe und Übereignung |
| Schenkung | §§ 516 ff. BGB | Unentgeltliche Übereignung |
| Werklieferung | § 650 BGB | Unternehmer: Herstellung, Übergabe und Übereignung einer beweglichen Sache |
| | | Besteller: Zahlung der Vergütung und Abnahme |
| **Überlassung einer Sache auf Zeit zum Gebrauch** | | |
| Mietvertrag | §§ 535 ff. BGB | Vermieter: Überlassung einer Sache zum Gebrauch |
| | | Mieter: Mietzahlung |
| Pachtvertrag | §§ 581 ff. BGB | Verpächter: Überlassung einer Sache zum Gebrauch und zum Fruchtzug |
| | | Pächter: Pachtzahlung |
| Leihe | §§ 598 ff. BGB | Unentgeltliche Überlassung einer Sache zum Gebrauch |
| **Überlassung einer vertretbaren Sache gegen Rückerstattung** | | |
| Darlehen | §§ 488 ff. BGB | Darlehensgeber: Überlassung eines Geldbetrages |
| | | Darlehensnehmer: Rückzahlung und Zinszahlung |
| Sachdarlehen | §§ 607 ff. BGB | Darlehensgeber: Überlassung vertretbarer Sachen |
| | | Darlehensnehmer: Rückgabe gleichartiger Sachen und Zahlung eines Darlehensentgelts |
| **Tätigkeit** | | |
| Dienstvertrag | §§ 611 ff. BGB | Dienstverpflichteter: Leistung versprochener Dienste |
| | | Dienstberechtigter: Zahlung der Vergütung |
| Werkvertrag | §§ 631 ff. BGB | Unternehmer: Herstellung eines Werkes |
| | | Besteller: Zahlung der Vergütung und Abnahme |
| Pauschalreise-vertrag | §§ 651a ff. BGB | Reiseveranstalter: Verschaffung einer Pauschalreise |
| | | Reisender: Zahlung des Reisepreises |
| Maklervertrag | §§ 652 ff. BGB | Makler: Vermittlung eines Vertrages |
| | | Kunde: Bezahlung des Maklerlohns |
| Auftrag | §§ 662 ff. BGB | Unentgeltliche Besorgung eines Geschäfts |
| Geschäfts-besorgung | §§ 675 ff. BGB | Beauftragter: Besorgung eines Geschäfts |
| | | Auftraggeber: Zahlung der Vergütung |
| Verwahrung | §§ 688 ff. BGB | Verwahrer: Aufbewahrung einer Sache |
| | | Hinterleger: Zahlung der Vergütung |
| **Sonstige Verträge** | | |
| Gesellschaft | §§ 705 ff. BGB | Förderung eines gemeinsamen Zwecks durch Beiträge |
| Bürgschaft | §§ 765 ff. BGB | Einseitige Verpflichtung, für eine Verbindlichkeit eines Dritten einzustehen |

## b)    Veräußerungsverträge
## aa)   Kaufvertrag und Tausch

Der Kaufvertrag ist ein gegenseitiger Vertrag, der die Veräußerung einer Sache oder eines Rechts gegen Entgelt zum Gegenstand hat (§§ 433, 453 BGB).

Durch den Kaufvertrag wird der Verkäufer einer Sache verpflichtet,
• dem Käufer die Sache zu übergeben und zu übereignen (§ 433 I S. 1 BGB) und
• dem Käufer die Sache frei von Mängeln zu verschaffen (§ 433 I S. 2 BGB).

Der Käufer ist verpflichtet,
• den vereinbarten Kaufpreis zu zahlen und
• die Sache abzunehmen (§ 433 II BGB).

Werden diese Pflichten verletzt, richten sich die Rechtsfolgen grundsätzlich nach dem allgemeinen Leistungsstörungsrecht.[51] Besondere Regelungen sind im Kaufrecht für den Fall enthalten, dass der Kaufgegenstand bei Gefahrenübergang einen Sach- oder Rechtsmangel hat. Der Gefahrenübergang erfolgt im Normalfall mit Übergabe der verkauften Sache (§ 446 S. 1 BGB). Beim Versendungskauf geht die Gefahr allerdings bereits mit der Übergabe an den Versender auf den Käufer  über (§ 447 I BGB).

Die Sache ist **frei von Sachmängeln** wenn sie

• den subjektiven Anforderungen **und**
• den objektiven Anforderungen **und**
• den Montageanforderungen

entspricht (§ 434 I BGB).

Den **subjektiven Anforderungen** entspricht die Sache, wenn sie die vereinbarte Beschaffenheit aufweist, sich für den vertraglich vorausgesetzten Zweck eignet und mit dem vereinbarten  Zubehör, Anleitungen usw. übergeben wird (§ 434 II BGB).

**Beispiele:** Hatte das als unfallfrei verkaufte Kfz hatte einen Unfall, fehlt die vereinbarte Beschaffenheit.
Handwerker Harald kauft bei seinem Lieferanten Kleber mit dem Hinweis, dass dieser zur Verarbeitung eines bestimmten Kunststoffs bestimmt ist. Der technisch einwandfreie Kleber ist für diesen Kunststoff ungeeignet und eignet sich damit nicht für den vertraglich vorausgesetzten Zweck.

---

[51] Zu den Einzelheiten vgl. Kapitel C. I. 7.

Die **objektiven Anforderungen** umfassen die Eignung für die gewöhnliche Verwendung, die üblicherweise zu erwartende Beschaffenheit einschließlich beworbene Eigenschaften, die Übereinstimmung mit Proben oder Mustern und den zu erwartenden Anleitungen bzw. dem zu erwartenden Zubehör (§ 434 III BGB).

**Beispiele:** In einem gekauften Buch fehlen mehrere Seiten, es fehlt damit die Eignung für die gewöhnliche Verwendung.

Ein als „3-Liter-Auto" beworbene Kfz hat einen Durchschnittsverbrauch von 5 Litern pro 100 km, ihm fehlt eine beworbene Eigenschaft.

Wenn die Sache zur Montage bestimmt ist, umfassen die **Montageanforderungen** die sachgemäße Montage durch den Verkäufer bzw. durch den Käufer aufgrund einer mangelhaften Montageanleitung (§ 434 IV BGB).

Als Sachmangel gilt auch die **Lieferung einer anderen** als der geschuldeten **Sache** (§ 434 V BGB).

Ein **Rechtsmangel** liegt vor, wenn Dritte nicht vereinbarte Recht am Kaufgegenstand geltend machen können (§ 435 BGB).

Weist die Sache einen Mangel auf, so kann der Käufer **Gewährleistungsrechte** geltend machen.

Davon abzugrenzen sind Ansprüche aus einer **Garantie** (§ 443 BGB), welche entsprechend dem Inhalt der Garantieerklärung gegenüber dem Garantiegeber geltend gemacht werden können.

Die Rechte bei Mängeln gehen den Regelungen des allgemeinen Leistungsstörungsrechts vor, sind mit diesen aber eng verzahnt.

Folgende Rechte sieht § 437 BGB vor:

• **Nacherfüllung** § 437 Nr. 1 BGB: Nacherfüllung kann nach Wahl des Käufers als Beseitigung des Mangels oder Lieferung einer mangelfreien Sache erfolgen (§ 439 I BGB). Die dafür erforderlichen Aufwendungen hat der Verkäufer zu tragen (§ 439 II BGB). Wurde die mangelhafte Sache bestimmungsgemäß eingebaut, hat der Verkäufer auch die Aufwendungen für den Ein- und Ausbau zu tragen (§ 439 III BGB). Das Wahlrecht des Käufers kann bei Unverhältnismäßigkeit vom Verkäufer verweigert werden (§ 439 IV BGB).

• **Rücktritt** vom Vertrag § 437 Nr. 2 BGB: Voraussetzung ist das erfolglose Verstreichen einer angemessenen Nachfrist (§ 323 I BGB) oder Verweigerung/ Fehlschlagen/Unzumutbarkeit bzw. Unmöglichkeit der Nacherfüllung (§ 440, § 323 II, § 326 V BGB). Eine Nachbesserung gilt i.d.R. nach zweimaligen erfolglosen Nachbesserungsversuchen als fehlgeschlagen (§ 440 S. 2 BGB). Der Rücktritt ist bei unerheblichen Mängeln ausgeschlossen (§ 323 V S. 2 BGB). Der Rücktritt ist dem Verkäufer gegenüber zu erklären (§ 349 BGB). Folge des Rücktritts ist die Rückabwicklung nach Maßgabe der §§ 346 ff. BGB.

• **Minderung** § 437 Nr. 2 BGB: Statt des Rücktritts kann der Käufer unter den gleichen Voraussetzungen den vereinbarten Kaufpreis herabsetzen (§ 441 I BGB). Die Minderung erfolgt durch Erklärung gegenüber dem Verkäufer. Der Preis ist im Verhältnis des Werts der Kaufsache im mangelfreien Zustand zum Wert im mangelhaften Zustand herabzusetzen (§ 441 III BGB).

• **Schadensersatz bzw. Aufwendungsersatz** § 437 Nr. 3 BGB: Voraussetzung ist zunächst, dass der Verkäufer den Mangel zu vertreten hat (§ 280 I S. 2 BGB). **Schadensersatz statt der Leistung** erfordert zudem das erfolglose Verstreichen einer angemessenen Nachfrist oder die Verweigerung, das Fehlschlagen bzw. die Unmöglichkeit der Nacherfüllung (§ 440, § 281, § 283, § 284, § 311a II BGB). Schadensersatz statt der ganzen Leistung ist bei unerheblichen Mängeln ausgeschlossen (§ 281 I S. 3 BGB).

Der Anspruch auf Nacherfüllung ist somit gegenüber den anderen Gewährleistungsrechten vorrangig. Nachfolgend ein Überblick über die Rechte des Käufers bei Mängeln:

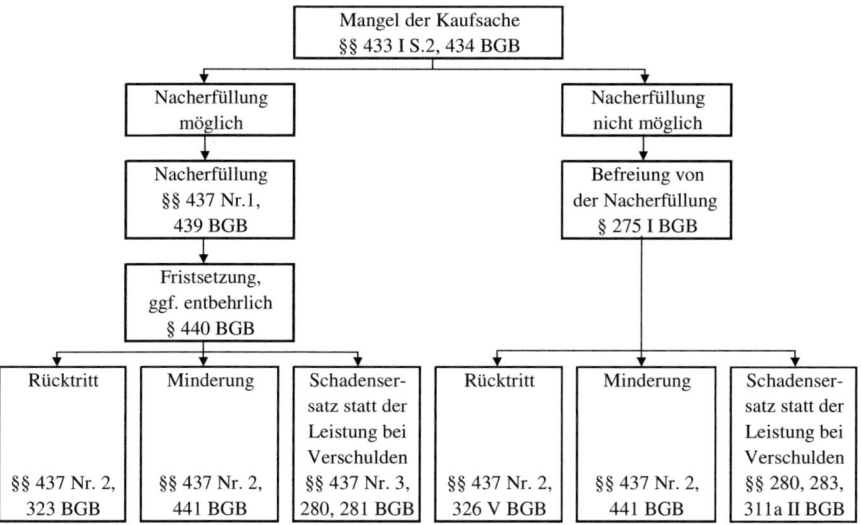

Die **Rechte** des Käufers können, abgesehen von den Besonderheiten des Verbrauchsgüterkaufs **ausgeschlossen bzw. eingeschränkt** sein:

- bei **Kenntnis** des Käufers vom Mangels (§ 442 BGB)
- wenn die Mangelhaftung **vertraglich ausgeschlossen oder beschränkt** ist, was aber für den Fall des arglistigen Verschweigens von Mängeln unwirksam ist (§ 444 BGB)
- bei einer **negativen Beschaffenheitsvereinbarung** (§ 434 III S. 1, 1. HS BGB)

Beim beiderseitigen Handelskauf ist nach § 377 I HGB zu beachten, dass der Käufer die gelieferte Ware unverzüglich auf Mängel zu untersuchen hat und diese unverzüglich rügt. Unterlässt der Käufer die unverzügliche Rüge offener Mängel, gilt die Ware als genehmigt, d.h. er verliert seine Gewährleistungsrechte (§ 377 II HGB).

Die Rechte des Käufers können nur während der **Verjährungsfrist** nach § 438 BGB durchgesetzt werden. Diese beträgt 30 Jahre bei Rechtsmängeln an Grundstücken, 5 Jahre bei Bauwerken und Baumaterialien und im Übrigen 2 Jahre. Bei arglistig verschwiegenen Mängeln kommt die regelmäßige Verjährung zur Anwendung (§ 438 III BGB).

Zahlreiche Besonderheiten gelten beim **Verbrauchsgüterkauf**. Ein Verbrauchsgüterkauf (§ 474 BGB) liegt vor, wenn ein Verbraucher (§ 13 BGB) von einem Unternehmer (§ 14 BGB) eine Ware (§ 241a BGB) kauft. Eine Ausnahme stellen öffentlich versteigerte gebrauchte Sachen dar, wenn eine klare und umfassende Information über den Ausschluss erfolgt ist.

Der vorgezogene Gefahrenübergang nach **§ 447 I BGB gilt beim Verbrauchsgüterkauf nicht** (§ 475 II BGB). Der **Ausschlussgrund des § 442 BGB** (Mangelkenntnis) **gilt nicht**, es sei denn es wurde eine negative Beschaffenheitsvereinbarung nach § 476 I S. 2 BGB getroffen. Die **Nacherfüllung** hat in einer **angemessenen Frist** und **ohne erhebliche Unannehmlichkeiten** für den Verbraucher zu erfolgen (§ 475 V BGB).

Für **Waren mit digitalen Elementen** wird der Sachmangelbegriff erweitert (§§ 475b, 475c BGB). Insbesondere wird die Anforderung der Mangelfreiheit um eine **Aktualisierungspflicht** erweitert.

Ein **Ausschluss der Rechte des Käufers** ist beim Verbrauchgüterkauf **unwirksam** (§ 476 I S. 1 BGB). Eine **negative Beschaffenheitsvereinbarung** setzt eine ausdrückliche Information vor Vertragsabschluss und eine gesonderte, ausdrückliche Vereinbarung voraus (§ 476 I S. 2 BGB).

Eine **Verkürzung der Verjährungsfrist** per Vertrag ist bei neuen Sachen nicht, bei gebrauchten Sachen auf minimal 1 Jahr möglich (§ 476 II BGB). Ausgenommen von diesen Regelungen sind Schadensersatzansprüche (§ 476 III BGB.

Für den Verbrauchsgüterkauf gilt für ein Jahr ab Gefahrenübergang die Vermutung, dass der Mangel schon bei Gefahrenübergang vorhanden war (**Beweislastumkehr**, § 477 BGB).

**Beispiel:**
Rudi Radler kauft sich im Oktober in einem Fachhandelsgeschäft ein neues Mountainbike. Nach intensiver Nutzung musste er im Februar des Folgejahres feststellen, dass die hydraulische Scheibenbremse nicht mehr funktioniert. Eine Fehlbedienung ist ihm nicht nachzuweisen. Radler reklamiert das Rad beim Verkäufer und verlangt den Austausch der Scheibenbremse. Der Verkäufer widerspricht der Reklamation, da die Scheibenbremse seiner Ansicht nach nur falsch bedient wurde.
Die nicht funktionierende Bremse stellt einen Sachmangel nach § 434(3) BGB dar, da das Rad nicht den objektiven Anforderungen entspricht. Bei dem Kaufvertrag handelt es sich um einen Verbrauchsgüterkauf (§ 474 BGB), da Radler als Verbraucher (§ 13 BGB) eine Ware bei einem Unternehmer (§ 14 BGB) kauft. Damit gilt im ersten Jahr eine Beweislastumkehr (§ 477 BGB), d.h. es wird unterstellt, dass das Rad den Mangel bereits bei Gefahrenübergang hatte. Da ihm eine Fehlbedienung nicht nachgewiesen werden kann, gilt der Mangel also als von Anfang an vorhanden. Somit kann er Nacherfüllung (§ 437 Nr. 1 BGB), d.h. nach seiner Wahl Beseitigung des Mangels bzw. Lieferung einer mangelfreien Sache (§ 439 BGB), verlangen. Radler ist damit im Recht.

Neben dem Verbrauchsgüterkauf haben die Regelungen zum Versendungskauf und der Kauf unter Eigentumsvorbehalt besondere Bedeutung.

Beim **Versendungskauf** nach § 447 BGB geht die Gefahr des Untergangs oder der Verschlechterung der Sache bereits mit der Übergabe an das Transportunternehmen auf den Käufer über, dieser trägt somit das Preisrisiko. Dies gilt nicht beim **Verbrauchsgüterkauf** (§ 475 II BGB).

Beim Kauf unter **Eigentumsvorbehalt** nach § 449 BGB erlangt der Käufer erst mit vollständiger Bezahlung des Kaufpreises Eigentum an der Sache.

Ein Eigentumsvorbehalt dient vor allem der Absicherung von Lieferantenkrediten. Die Sicherheit ist allerdings **schwach**, da ein gutgläubiger Eigentumserwerb Dritter sowie ein gesetzlicher Eigentumserwerb (z.B. durch Einbau) möglich ist.[52]

---

[52] Zu den Einzelheiten vgl. Kapitel D. II.

Beim **verlängerten Eigentumsvorbehalt** ist der Vorbehaltskäufer berechtigt, die Sache weiterzuveräußern, tritt aber die daraus entstehenden Forderungen gegen die Kunden an den Lieferanten ab.

Der **erweiterte Eigentumsvorbehalt** beinhaltet einen Eigentumsvorbehalt an allen gelieferten Sachen bis zum Ausgleich aller Forderungen.

Ein **Werklieferungsvertrag** liegt vor, wenn sich der Unternehmer verpflichtet, bewegliche Sachen herzustellen und zu liefern. Demgegenüber liegt ein Kaufvertrag vor, wenn ein bereits vorhandener Gegenstand geliefert wird. Aufgrund der gleichen Interessenslage findet nach § 650 S. 1 BGB auf den Werklieferungsvertrag Kaufrecht Anwendung.

**Beispiel:**
Ein Möbelhersteller liefert an den Besteller eine Couch-Garnitur, welche erst auf Bestellung produziert wird. Es liegt ein Werklieferungsvertrag vor, auf den nach § 650 S. 1 BGB Kaufrecht anzuwenden ist.

Ein Tausch ist ein gegenseitig verpflichtender Vertrag, in dem sich beide Vertragspartner zum Austausch von Sachen oder Rechten verpflichten. Das Kaufrecht findet nach § 480 BGB auf den **Tausch** Anwendung.

Bezüglich der zu gewährenden Leistung werden beide wie Verkäufer, bezüglich der zu erhaltenden Leistung wie Käufer gestellt.


## bb) Schenkung

Die Schenkung ist ein einseitig verpflichtender Vertrag, der eine unentgeltliche Vermögensschenkung zum Gegenstand hat. Bei der Handschenkung erfolgt die Einigung über die bereits vollzogene oder gleichzeitig erfolgte Zuwendung (§ 516 BGB). Sie ist formlos gültig. Ein Schenkungsversprechen erfordert demgegenüber notarielle Beurkundung (§ 518 I BGB). Allerdings heilt der Vollzug fehlende Beurkundung (§ 518 II BGB).

Der Schenker haftet für Leistungsstörungen nur für Vorsatz und grobe Fahrlässigkeit (§ 521 BGB). Die Haftung für Sachmängel ist – mit Ausnahme arglistig verschwiegener Mängel – grundsätzlich ausgeschlossen (§§ 523, 524 BGB).

An sich ist eine vollzogene Schenkung endgültig. Von diesem Grundsatz gibt es zwei Ausnahmen. Nach § 528 BGB kann der Schenker bei Verarmung die Schenkung nach dem Bereicherungsrecht[53] zurückfordern. Die Rückforderung ist u.a. nach 10 Jahren ausgeschlossen (§ 529 I BGB). Des Weiteren kann die Schenkung bei groben Undank des Beschenkten widerrufen werden (§ 530 I BGB).

## c) Überlassungsverträge
## aa) Miete, Pacht und Leihe

Der Mietvertrag ist ein schuldrechtlicher Vertrag zur Überlassung von Sachen zum Gebrauch gegen Zahlung der vereinbarten Miete (§ 535 BGB).

Pflichten des Vermieters sind die Überlassung und Erhaltung im vertragsgemäßen Zustand, § 535 I BGB, Hauptpflicht des Mieters ist die Entrichtung der Miete nach § 535 II BGB.

Ist die **Mietsache mängelbehaftet**, so kann der Mieter den Mietzins angemessen mindern (§ 536 I BGB). Liegt der Mangel bereits bei Vertragsschluss vor, oder hat diesen der Vermieter zu vertreten, so kann der Mieter Schadensersatz wegen Nichterfüllung verlangen (§ 536a I BGB). Gleiches gilt, wenn sich der Vermieter mit der Mängelbeseitigung im Verzug befindet. Bei Verzug des Vermieters kann der Mieter außerdem den Mangel selbst beseitigen und die entstandenen Kosten dem Vermieter in Rechnung stellen, § 536a II BGB.

Die vorstehenden Rechte kann der Mieter allerdings nicht geltend machen, wenn er den Mangel bei Vertragsschluss kannte oder grobfahrlässig nicht kannte (§ 536b BGB). Weiterhin muss der Mieter zur Wahrung der Gewährleistungsrechte den ggf. später aufgetretenen Mangel unverzüglich beim Vermieter anzeigen, sonst entfallen die Gewährleistungsrechte des Mieters und der Mieter haftet ggf. auf Schadensersatz (§ 536c BGB). Grundsätzlich nicht zu vertreten hat der Mieter eine vertragsgemäße Abnutzung der Mietsache, § 538 BGB.

Da der Mietvertrag ein **Dauerschuldverhältnis** ist, endet er entweder durch Zeitablauf (befristeter Mietvertrag), sofern nicht eine stillschweigende Verlängerung nach § 545 BGB eintritt bzw. der Vertrag einvernehmlich verlängert wird, oder durch Kündigung (§ 542 BGB).

Die Kündigung kann entweder ordentlich – d.h. unter Einhaltung der Kündigungsfristen nach §§ 573c, 580a BGB – oder außerordentlich – d.h. fristlos – erfolgen.

---

[53] Zu den Einzelheiten vgl. Kapitel C. II. 2. b).

Eine außerordentliche Kündigung ist nur in den gesetzlich geregelten Fällen möglich,
- aus „wichtigem Grund" nach § 543 I BGB, insbesondere:
- bei Nichtgewährung des Gebrauchs § 543 II Nr. 1 BGB
- bei erheblicher Verletzung der Sorgfaltspflichten des Mieters bzw. unbefugter Überlassung an Dritte § 543 II Nr. 2 BGB
- bei Zahlungsverzug nach § 543 II Nr. 3 BGB
- bei Gesundheitsgefährdung in Wohnräumen § 569 I BGB
- bei nachhaltiger Störung des Hausfriedens § 569 II BGB

Nach Beendigung muss der Mieter die Mietsache zurückgeben (§ 546 BGB). Zur Sicherung seiner Mietzinsforderungen hat der Vermieter ein Pfandrecht an den vom Mieter eingebrachten Sachen (§ 562 BGB).

Zu beachten ist auch, dass ein bestehender Mietvertrag nicht durch Veräußerung der Mietsache berührt wird (§§ 566, 578 BGB). Die Pflichten aus dem Mietverhältnis gehen auf den Erwerber über.

Für **Mietverträge über Wohnraum** gelten eine Reihe von Sonderbestimmungen, welche dem Schutz des Mieters dienen (§§ 549 ff. BGB).[54] Dazu gehören u.a.
- die Regelungen zur Miethöhe (§§ 557 ff. BGB) und
- die Beschränkung des Kündigungsrechts des Vermieters (§§ 568 ff. BGB).

Durch den **Pachtvertrag** wird der Verpächter einer Sache zum Gebrauch der verpachteten Sache sowie zur Gewährung der Früchte (§ 99 BGB), der Pächter zur Entrichtung der vereinbarten Pacht verpflichtet (§ 581 I BGB). Der wesentliche Unterschied zur Miete besteht somit in der Gewährung des Fruchtgenusses. Soweit die §§ 581 ff. BGB keine Abweichungen beinhalten, gilt für die Pacht das Mietrecht (581 II BGB).

Die **Leihe** ist ein Vertrag, durch den sich der Verleiher zur unentgeltlichen Überlassung einer Sache zum Gebrauch verpflichtet (§ 598 BGB). Der wesentliche Unterschied zur Miete besteht in der Unentgeltlichkeit.

---

[54] Zu den Einzelheiten sei auf die Literatur zum Mietrecht, z.B. *Spreng, Norman M.*: Das neue Mietrecht, 4. Auflage, München 2006, verwiesen.

## bb)   Darlehen und Sachdarlehen

Durch den Darlehensvertrag verpflichtet sich der Darlehensgeber, eine bestimmte Geldsumme zu überlassen (§ 488 I S. 1 BGB). Der Darlehensnehmer verpflichtet sich zur Rückzahlung bei Fälligkeit und Zinszahlung (§ 488 I S. 2 BGB).

Das Darlehen kann befristet oder unbefristet gewährt werden. Ein unbefristetes Darlehen kann mit einer Frist von 3 Monaten gekündigt werden (§ 488 III BGB). Ein festverzinsliches Darlehen kann während der Zinsbindungsdauer grundsätzlich nicht ordentlich gekündigt werden. Bei einer Dauer von über 10 Jahren ist jedoch eine Kündigung mit einer Frist von 6 Monaten möglich (§ 489 I BGB).

Eine außerordentliche Kündigung durch den Darlehensgeber ist bei wesentlicher Verschlechterung der Vermögensverhältnisse oder Sicherheiten möglich (§ 490 I BGB). Der Darlehensnehmer kann bei berechtigtem Interesse ein grundpfandrechtlich gesichertes Darlehen vorfristig kündigen (§ 490 II BGB), hat dann jedoch eine Vorfälligkeitsentschädigung zu zahlen.

Besonderheiten gelten bei Verbraucherdarlehensverträgen (§ 491 BGB). Der Vertrag ist nach § 492 BGB schriftlich mit gesetzlichen Mindestinhalten abzuschließen. Den Darlehensgeber treffen besondere Informationspflichten (§§ 491a, 493 BGB). Dem Verbraucher wird ein Widerrufsrecht nach §§ 495, 355 BGB zugestanden.

Neben dem Gelddarlehen regelt § 607 BGB das Sachdarlehen, welches geringe praktische Bedeutung hat. Hier verpflichtet sich der Darlehensgeber zur Überlassung vertretbarer Sachen gegen Rückerstattung und ein Darlehensentgelt.

**Beispiel:**
Ein Hedge-Fonds erwirbt durch ein Sachdarlehen 100.000 Aktien mit einem aktuellen Kurs von 10 €. Diese werden verkauft. Dies führt zu weiteren Verkäufen, wodurch der Kurs auf 9 € sinkt. Auf dem niedrigen Niveau werden die Aktien zurückgekauft und das Darlehen zuzüglich des Darlehensentgelts zurückgewährt. Die Kursdifferenz abzüglich des Darlehensentgelts ist der realisierte Gewinn.

## d)  Tätigkeitsverträge
## aa)  Dienstvertrag

Durch den Dienstvertrag verpflichtet sich der Dienstverpflichtete zur Leistung von Diensten, der Dienstberechtigte zur Zahlung der vereinbarten Vergütung (§ 611 I BGB). Geschuldet wird die Tätigkeit als solche, nicht jedoch der Erfolg. Nach § 613 ist der Dienstverpflichtete im Zweifel zur höchstpersönlichen Leistung verpflichtet. Gegenstand eines Dienstvertrags können Dienste jeder Art sein (§ 611 II BGB).

Eine praktisch besonders wichtige Sonderform des Dienstvertrags ist der Arbeitsvertrag (§ 611a BGB), für den neben den Vorschriften des BGB zahlreiche Sondervorschriften gelten.[55]

Ein freier Dienstvertrag liegt demgegenüber vor, wenn der Dienstverpflichtete seine Tätigkeit selbständig ausführt.

**Beispiel:**
Beratung eines Mandanten durch seinen Rechtsanwalt oder Steuerberater.

Da ein Dienstvertrag ein Dauerschuldverhältnis ist, sind Besonderheiten bei der Beendigung zu beachten. Ein befristeter Dienstvertrag endet durch Zeitablauf (§ 620 I BGB). Handelt es sich um ein Arbeitsverhältnis sind jedoch die Regelungen des TzBfG zu beachten (§ 620 III BGB).

Ein unbefristetes Dienstverhältnis kann durch Kündigung beendet werden (§ 620 II BGB). Zu unterscheiden ist zwischen der ordentlichen und der außerordentlichen Kündigung. Eine ordentliche Kündigung erfolgt unter Beachtung der Kündigungsfristen nach § 621 BGB (bei freien Dienstverträgen) bzw. 622 BGB (bei Arbeitsverträgen).

Die außerordentliche Kündigung beendet das Dienstverhältnis ohne Einhaltung von Fristen (§ 626 I BGB). Voraussetzung ist ein „wichtiger Grund", aufgrund dessen die Fortsetzung des Vertrags unzumutbar ist. Der „wichtige Grund" darf dem Kündigenden nicht länger als 2 Wochen bekannt sein (§ 626 II BGB). Bei freien Dienstverträgen, die „Dienste höherer Art" zum Gegenstand haben, kann die fristlose Kündigung auch ohne besonderen Grund erfolgen (§ 627 BGB). Demgegenüber wird das Kündigungsrecht im Arbeitsrecht durch zahlreiche Kündigungsschutzvorschriften eingeschränkt.

---

[55] Zu den Einzelheiten sei auf die Literatur zum Arbeitsrecht, z.B. *Völker, Lutz*: Arbeits- und Sozialversicherungsrecht kompakt, 12. Auflage, Norderstedt 2022, verwiesen.

Als weitere Beendigungsgründe kommen der Tod des Dienstverpflichteten oder ein Aufhebungsvertrag in Betracht.

Ein wichtiger Sonderfall des Dienstvertrags ist der **Behandlungsvertrag** nach §§ 630a ff. BGB. Der Behandlungsvertrag regelt die medizinische Behandlung gegen Entgelt (§ 630a I BGB). Auf den Behandlungsvertrag ist nach § 630b BGB das Dienstvertragsrecht anzuwenden, soweit keine abweichende Bestimmung getroffen wird.

Behandelnder ist, wer eine medizinische Behandlung eines Patienten zusagt. Insofern werden nicht nur die humanmedizinische ärztliche Tätigkeit erfasst, sondern auch die Tätigkeit z.b. von Physiotherapeuten, Hebammen oder Heilpraktikern. Demgegenüber werden Verträge mit Veterinärmedizinern nicht erfasst.

Hauptpflicht des Behandelnden ist die medizinische Behandlung (§ 630a I BGB). Dabei sind die zum Zeitpunkt der Behandlung allgemein anerkannten fachlichen Standards zu beachten (§ 630a II BGB).

Daneben bestehen eine Reihe von Nebenpflichten. So ist der Behandelnde nach § 630c II BGB grundsätzlich verpflichtet, dem Patienten zum Beginn der Behandlung alle für die Behandlung wesentlichen Umstände zu erläutern. Dazu gehören auch die voraussichtlichen Kosten, sofern diese nicht vollständig durch die Krankenkasse übernommen werden (§ 630c III BGB). Vor der Durchführung einer medizinischen Maßnahme ist die Einwilligung des Patienten einzuholen (§ 630d I BGB). Die Wirksamkeit der Einwilligung setzt voraus, dass der Patient zuvor gemäß § 630e BGB über alle für die Einwilligung wesentlichen Umstände aufgeklärt wurde (§ 630d II BGB). Ohne Einwilligung ist die Behandlung nur zulässig, wenn sie bei unaufschiebbaren Maßnahmen nicht rechtzeitig eingeholt werden kann und dem mutmaßlichen Patientenwillen entspricht.
**Beispiel:**
Der zu einem Verkehrsunfall gerufene Notarzt behandelt das bewusstlose Unfallopfer.

Der Behandelnde ist nach § 630f BGB zur Dokumentation der Behandlung und zur Aufbewahrung der Patientenakte für 10 Jahre verpflichtet. Dem Patienten wird ein Recht zur Einsichtnahme in die Patientenakte gewährt (§ 630g BGB).

Die Hauptleistungspflicht des Patienten ist die Zahlung der Vergütung, soweit nicht die Kostenerstattung durch einen Dritten – i.d.R. durch die gesetzliche Krankenversicherung bei gesetzlich Versicherten – erfolgt (§ 630a I BGB). Die Vergütungshöhe richtet sich nach der getroffenen Vereinbarung (§§ 630b, 612 I BGB) bzw. ohne Vereinbarung (§§ 630b, 612 II BGB) nach den Gebührenordnungen für Ärzte (GOÄ) oder Zahnärzte (GOZ).

## bb) Werkvertrag

Der Werkvertrag ist ein Vertrag, bei dem sich der Unternehmer verpflichtet, eine Sache herzustellen oder zu verändern oder den Erfolg einer Dienstleistung gegen Bezahlung herbeizuführen, § 631 BGB. Der Unterschied zum Dienstvertrag nach § 611 ff. BGB besteht darin, dass nicht die Tätigkeit als solche, sondern deren **Erfolg geschuldet** wird. Die Abgrenzung zum Kaufvertrag erfolgt durch § 650 BGB.[56]

Hauptpflicht des Unternehmers besteht in der Herstellung einer mangelfreien Sache, § 633 I BGB.

Das Werk ist frei von Mängeln (§ 633 II BGB), wenn es
• die vereinbarte Beschaffenheit hat oder
• ohne Beschaffenheitsvereinbarung für den vertraglich vorausgesetzten Zweck geeignet ist oder sonst
• die übliche Beschaffenheit besitzt und sich für die gewöhnliche Verwendung eignet und
• kein anderes Werk oder eine zu geringe Menge hergestellt wird.

Der Besteller ist verpflichtet, die vereinbarte Vergütung zu zahlen (§ 631 I BGB) und das Werk abzunehmen (§ 640 BGB). Die Abnahme ist die Entgegennahme des Werks als grundsätzlich vertragsgemäß.

Weist das Werk Mängel auf, so kann der Besteller folgende **Gewährleistungsrechte** geltend machen:

• **Nacherfüllung** (§ 634 Nr. 1 BGB) als Nachbesserung oder Neuherstellung nach Wahl des Unternehmers (§ 635 BGB)

• **Selbstbeseitigung** (§ 634 Nr. 2 BGB), Voraussetzung ist das erfolglose Verstreichen einer angemessenen Nachfrist (§ 637 I BGB) oder Verweigerung bzw. Fehlschlagen/Unzumutbarkeit der Nacherfüllung (§ 637 II BGB)

• **Rücktritt vom Vertrag** (§ 634 Nr. 3 BGB), Voraussetzung ist das erfolglose Verstreichen einer angemessenen Nachfrist oder Verweigerung bzw. Fehlschlagen/Unzumutbarkeit der Nacherfüllung (§ 636 BGB)

• **Minderung** anstelle des Rücktritts (§§ 634 Nr. 3, 638 BGB) unter den gleichen Voraussetzungen

---

[56] Vgl. Kapitel C. II. 1. b).

• **Schadensersatz bzw. Aufwendungsersatz** (§ 634 Nr. 4 BGB), Voraussetzung ist neben dem erfolglosen Verstreichen einer angemessenen Nachfrist oder der Verweigerung bzw. dem Fehlschlagen der Nacherfüllung das Verschulden des Unternehmers (§§ 636, 280, 281, 283 BGB)

**Beispiel:**
Die Firma Fischer hat von der Firma Maurer Bauarbeiten in ihren Geschäftsräumen durchführen lassen. Drei Monate nach der Fertigstellung und Zahlung des vereinbarten Preises zeigen sich Risse in den Wänden. Fischer ist darüber sehr empört und will mit Maurer nichts mehr zu tun haben. Er lässt daher die Risse von Maurermeister Bob beseitigen. Die dafür gezahlten 1.000 € fordert er jetzt von Maurer. Der weigert sich jedoch zu zahlen.
Das von Maurer erstellte Werk ist mangelhaft, § 633 II Nr. 2 BGB. Somit kann der Besteller vom Unternehmer die Beseitigung der Mängel verlangen §§ 634 Nr. 1, 635 BGB. Erst wenn der Unternehmer nicht innerhalb einer angemessenen Nachfrist nacherfüllt, kann der Besteller den Mangel von einem Anderen beseitigen lassen und dem Unternehmer die Kosten in Rechnung stellen §§ 634 Nr. 2, 637 I BGB. Da im vorliegenden Fall die mögliche Mängelbeseitigung von Maurer überhaupt nicht verlangt wurde, besteht kein Recht auf Selbstvornahme. Damit können die entstandenen Kosten auch nicht von Maurer ersetzt verlangt werden.

Die Gewährleistungsansprüche aus Werkverträgen verjähren nach 2 Jahren bei einer beweglichen Sache, nach 5 Jahren bei Bauwerken, jeweils ab Abnahme (§ 634a BGB) und ansonsten nach 3 Jahren (Beginn: § 199 BGB).

Zur Absicherung seiner Forderung hat der Werkunternehmer an im Rahmen des Werkvertrags in seinen Besitz gelangten Sachen des Bestellers ein **Pfandrecht** (§ 647 BGB).

Häufig wird vor Abschluss eines Werkvertrags ein **Kostenvoranschlag** erstellt. Handelt es sich hierbei um einen verbindlichen Kostenvoranschlag, so ist dieser vom Unternehmer in jedem Fall einzuhalten, d.h. der Unternehmer trägt das Preisrisiko.

Bei einem unverbindlichen Kostenvoranschlag muss der Unternehmer den Besteller bei voraussichtlicher Überschreitung unverzüglich unterrichten, der Besteller hat ein Kündigungsrecht bei Teilvergütung des Unternehmers (§ 649 BGB), wenn die Überschreitung wesentlich ist (i.d.R. 10% über dem Kostenvoranschlag).

Neben den allgemeinen Regelungen zum Werkvertrag werden noch einige spezielle Unterarten des Werkvertrags geregelt: der Bauvertrag (§§ 650a ff. BGB), der Architekten- und Ingenieurvertrag (§§ 650p ff. BGB) und der Bauträgervertrag (§§ 650u f. BGB).

Zu beachten ist, dass im Baugewerbe die Verträge häufig auf Basis der **VOB** (Vergabe- und Vertragsordnung für Bauleistungen) vereinbart werden; hier gelten z.T. vom BGB abweichende Regelungen und u.a. eine Gewährleistungsfrist von 4 Jahren.

Beim Bauvertrag gelten besondere Sicherungsrechte (§§ 650e, 650f BGB).

## cc) Pauschalreisevertrag

Der Pauschalreisevertrag ist ein Unterfall des Werkvertrags, der weitgehend eigenständig geregelt ist. Durch den Pauschalreisevertrag wird der Reiseveranstalter zur Verschaffung einer Gesamtheit von Reiseleistungen, der Reisende zur Zahlung der vereinbarten Vergütung verpflichtet (§ 651a I BGB).

Der Reiseveranstalter hat eigenständig für die Reiseleistungen einzustehen, auch wenn er sie durch andere Leistungsträger (Fluggesellschaft, Hotel usw.) erbringen lässt. Das Reisebüro, über das eine Reise gebucht wird, ist i.d.R. nicht Reiseveranstalter, sondern nur Vermittler (§§ 651b, 651v, 651w BGB).

Da zwischen Abschluss des Reisevertrags und dem Reiseantritt häufig eine längere Zeitspanne liegt, wird dem Reisenden das Recht eingeräumt, innerhalb einer angemessenen Frist, i.d.R. sieben Tage vor Reisebeginn, eine Ersatzperson zu stellen (§ 651e BGB). Außerdem besteht vor Reisebeginn ein jederzeitiges **Rücktrittsrecht** (§ 651h I S. 1 BGB). Allerdings ist dann eine ggf. pauschalisierte Entschädigung zu zahlen (§ 651h I S. 3, II BGB).

Zu den Pflichten des Reiseveranstalters gehört die mangelfreie Erbringung der Reiseleistungen (§ 651i I BGB). Bei **Reisemängeln** (§ 651i II BGB) kann der Reisende die in den §§ 651i ff. BGB geregelten Rechte geltend machen, die das allgemeine Leistungsstörungsrecht verdrängen. Folgende Rechte werden gemäß § 651i III BGB vorgesehen:

• **Abhilfe** (§§ 651i III Nr. 1-3, 651k I BGB), d.h. Herstellung eines mangelfreien Zustands; leistet der Reiseveranstalter nicht fristgerecht oder verweigert er die Abhilfe, kann der Reisende auf Kosten des Veranstalters selbst Abhilfe schaffen (§ 651k II BGB) bzw. Ersatzleistungen verlangen (§ 651k III BGB)

- **Kostentragung** (§§ 651i Nr. 4, 651k IV, V BGB) für eine notwendige Beherbergung, wenn die Rückbeförderung wegen unvermeidbarer, außergewöhnlicher Umstände nicht durchgeführt werden kann
- **Kündigung** (§§ 651i III Nr. 5, 651l BGB) nach Fristsetzung bei erheblicher Beeinträchtigung oder Unzumutbarkeit wegen einem dem Veranstalter erkennbaren Grund
- **Minderung**[57] (§§ 651i III Nr. 6, 651m BGB) neben dem Nacherfüllungsanspruch für die Dauer des Mangels bei vorhergehender Mängelrüge
- **Schadensersatz** (§§ 651i III Nr. 7, 651n BGB) neben den übrigen Rechten bei einem vom Veranstalter verschuldeten Mangel inklusive Entschädigung für nutzlos aufgewendete Urlaubszeit

**Beispiel:**
Lisa Sonnenschein hat eine 14-tägige Pauschalreise in einem 4-Sterne-Hotel auf Mallorca gebucht. Leider muss sie feststellen, dass sich in unmittelbarer Nähe des Hotels eine Großbaustelle befindet, auf der Tag und Nacht gearbeitet wird, was mit erheblicher Lärmbelästigung verbunden ist.
Lisa kann gemäß Abhilfe, d.h. Unterbringung in einem anderen, gleichwertigen Hotel verlangen (§§ 651i III Nr. 1, 651k I BGB). Für die Dauer des Mangels kann sie den Reisepreis angemessen mindern (§§ 651i III Nr. 6, 651m BGB). Schafft der Veranstalter innerhalb einer angemessenen Frist keine Abhilfe, kann sie sich selbst ein angemessenes Hotel suchen (§§ 651i III Nr. 2, 651k II) oder kündigen (§§ 651i III Nr. 5, 651l BGB) und Schadensersatz verlangen (§§ 651i III Nr. 7, 651n BGB).

Ansprüche wegen eines Reisemangels muss der Reisende ünverzüglich beim Reiseveranstalter anzeigen (§ 651o BGB). Die Ansprüche unterliegen einer zweijährigen Verjährungsfrist (§ 651j BGB).


## dd)    Maklervertrag

Durch den Maklervertrag verpflichtet sich der Auftraggeber, für den Nachweis einer Vertragsabschlussgelegenheit („Nachweismakler") oder der Vermittlung eines Vertrags („Vermittlungsmakler") eine Vergütung zu zahlen (§ 652 I BGB).

Nach der gesetzlichen Regelung ist der Makler nicht verpflichtet, tätig zu werden. Einen Anspruch auf Aufwendungsersatz hat der Makler nur bei vertraglicher Vereinbarung (§ 652 II BGB).

---

[57] Bei der Minderung orientiert sich die Rechtsprechung i.d.R. an der „Frankfurter Tabelle", NJW 1985, 113; 1994, 1639.

Besondere Regelungen gelten für den Handelsmakler (§§ 93 ff. HGB), die Wohnungsvermittlung (WohnungsvermittlungsG) und die Darlehensvermittlung (§§ 655a ff. BGB). Ein Ehevermittlungsvertrag (§ 656 BGB) begründet nur eine unvollkommene Verbindlichkeit, d.h. die Vergütung ist nicht einklagbar. Auf Partnerschaftsvermittlungsverträge ist § 656 BGB entsprechend anzuwenden.[58]

## ee) Auftrag und Geschäftsbesorgung

Ein Auftrag verpflichtet den Beauftragten, ein Geschäft des Auftraggebers unentgeltlich für diesen zu besorgen (§ 662 BGB). Gegenstand kann nicht nur ein rechtsgeschäftliches, sondern auch ein tatsächliches Handeln sein.

**Beispiel:**
Der Nachbar versorgt die Katze seines verreisten Nachbarn und leert dessen Briefkasten.

Im Zweifel ist der Beauftragte verpflichtet, persönlich tätig zu werden (§ 664 I BGB). Wurden dem Beauftragten Weisungen erteilt, darf er von diesen abweichen, wenn dies nach Einschätzung der Sachlage erforderlich ist (§ 665 BGB). Er hat die Abweichung dem Auftraggeber – sofern nicht Gefahr im Verzug besteht – vorher anzuzeigen.

Der Beauftragte hat zwar keinen Vergütungsanspruch, aber Anspruch auf Ersatz derjenigen Aufwendungen, die er den Umständen nach als erforderlich ansehen durfte (§ 670 BGB).

**Beispiel:**
Im o.g. Fall kann der Nachbar die Kosten des Tierfutters ersetzt verlangen.

Die Geschäftsbesorgung ist ein Dienst- oder Werkvertrag, der eine Geschäftsbesorgung zum Gegenstand hat (§ 675 I BGB). Auf den Geschäftsbesorgungsvertrag findet das Auftragsrecht Anwendung, soweit nichts abweichendes bestimmt ist. Im Gegensatz zum Auftrag besteht jedoch Vergütungsanspruch.

Das Geschäftsbesorgungsrecht ist vor allem im Geschäftsverkehr mit Banken von Bedeutung. In den §§ 675c ff. BGB sind deshalb Sonderregelungen zu Zahlungsdiensten enthalten.

---

[58] *BGH*, Urteil vom 11. Juli 1990 – IV ZR 160/89 und *BGH*, Urteil vom 4. März 2004 – III ZR 124/03.

## ff)	Verwahrung

Durch den Verwahrungsvertrag wird der Verwahrer verpflichtet, eine bewegliche Sache aufzubewahren (§ 688 BGB), der Hinterleger eine vereinbarte Vergütung zu zahlen (§ 689 BGB).

In der Abgrenzung zur Miete kommt es bei der Verwahrung gerade auf die Übernahme einer Obhutspflicht an.

**Beispiel:**
Die Überlassung eines Bankschließfachs ist Miete, die Aufbewahrung von Winterreifen durch eine Werkstatt ist Verwahrung.

Besondere Regelungen bestehen für das Lagergeschäft (§§ 467 ff. HGB) und die Verwahrung von Wertpapieren (DepotG).

## e)	Sonstige Verträge
## aa)	Bürgschaft

Durch die Bürgschaftserklärung erklärt sich der Bürge bereit, für die Verbindlichkeiten eines Dritten (Hauptschuldner) einzustehen (§ 765 BGB).

Damit die Bürgschaftserklärung wirksam zustande kommt, ist Schriftform erforderlich (§ 766 S. 1 BGB), elektronische Form wird ausgeschlossen. Das Schriftformerfordernis entfällt jedoch, wenn der Bürge Kaufmann ist und im Rahmen seines Handelsgeschäftes bürgt (vgl. § 350 HGB). Durch Leistung des Bürgen wird ein eventueller Formmangel geheilt (§ 766 S. 3 BGB).

**Beispiel:**
Existenzgründer Neumann hat eine geniale Geschäftsidee, für deren Umsetzung er jedoch ein Darlehen in Höhe von 100.000 € benötigt. Seine Bank ist nur bereit, ihm das Darlehen zu gewähren, wenn sein vermögender Bekannter Goldfasan sich für das Darlehen verbürgt. Goldfasan bekommt von der Bank des Neumann zwei Exemplare der Bürgschaftserklärung mit der Bitte zugesandt, ein Exemplar unterschrieben zurückzusenden. Goldfasan unterschreibt ein Exemplar und sendet dieses der Bank per Fax.

Es ist keine wirksame Bürgschaft zustande gekommen, da die gesetzlich vorgeschriebene Schriftform nicht beachtet wurde (§§ 125, 766 S. 1, 126 I BGB). Der Bank ist nur die Kopie der Erklärung zugegangen (§ 130 I BGB), die Schriftform erfordert jedoch die eigenhändige Unterschrift.

Zahlt Goldfasan jedoch im Falle der Zahlungsunfähigkeit des Neumann an die Bank, wird der Formmangel geheilt (§ 766 S. 3 BGB).

Für die Bürgschaft gilt der Grundsatz „Die Bürgschaft folgt der Hauptverbindlichkeit", d.h. der Bürge haftet nur, wenn die Hauptverbindlichkeit entsteht und maximal in deren Höhe (§ 767 BGB, Akzessorietät). Damit erlischt die Bürgschaft bei Erfüllung der Hauptverbindlichkeit.

Leistet der Hauptschuldner nicht, so muss der Bürge nicht in jedem Fall für dessen Verbindlichkeit einstehen. So kann sich der Bürge auf jede Einrede berufen, die dem Hauptschuldner zusteht, unabhängig davon, ob der Hauptschuldner davon Gebrauch macht oder nicht (§ 768 BGB).

Weiterhin steht dem Bürgen die **Einrede der Vorausklage** zu (§ 771 BGB), d.h. der Gläubiger muss erst die Zwangsvollstreckung gegen den Hauptschuldner erfolglos versucht haben, ehe er sich an den Bürgen halten kann. Die Einrede der Vorausklage entfällt in folgenden Fällen:

1. Selbstschuldnerische Bürgschaft, d.h. Verzicht auf die Einrede der Vorausklage
2. Die Zwangsvollstreckung ist nicht möglich oder wesentlich erschwert
3. Nach Insolvenzeröffnung über das Vermögen des Hauptschuldners
4. Wenn der Bürge Kaufmann ist (§ 349 HGB)

Wenn der Bürge für die Verbindlichkeit des Hauptschuldners einstehen muss, geht die Forderung des Gläubigers auf ihn über (§ 774 BGB).

## bb) Gesellschaft

Bei der Gesellschaft bürgerlichen Rechts (GbR) handelt es sich um eine auf einem Vertrag beruhende Personenvereinigung zur **Förderung eines gemeinsamen Zwecks** durch Leistung von Beiträgen (§ 705 BGB). Der Zweck ist grundsätzlich beliebig. Als GbR kann jedoch kein Handelsgewerbe betrieben werden, da das Betreiben eines Handelsgewerbes zur OHG bzw. KG führt (§ 105 I und § 161 I HGB). Die GbR ist in **kein Register** einzutragen. Sie hat **keine Firma** (i.S.d. §§ 17 ff. HGB).

Im Gegensatz zur früheren Rechtsprechung erkennt der BGH[59] nunmehr der GbR **Rechts- und Parteifähigkeit** zu, soweit sie als Teilnehmer am Rechtsverkehr eigene vertragliche Rechte und Pflichten begründet.

Mangels anderer Vereinbarung im Gesellschaftsvertrag steht die **Geschäftsführung** allen Gesellschaftern gemeinschaftlich zu, d.h. für jedes Geschäft ist die Zustimmung aller Gesellschafter erforderlich (§ 709 I BGB).

Da diese Regelung für das Handeln der Gesellschaft äußerst hinderlich sein kann (insbesondere bei vielen Gesellschaftern), lässt der Gesetzgeber auch vertraglich vereinbarte Gesamtgeschäftsführung einzelner Gesellschafter oder Einzelgeschäftsführung zu (§ 710 BGB).

Die **Vertretungsbefugnis** bei der GbR ist mit der Geschäftsführungsbefugnis verknüpft, d.h. mangels anderer vertraglicher Festlegung kann eine Vertretung nur durch alle Gesellschafter gemeinsam erfolgen (§ 714 BGB). Auf die Vertretung sind die §§ 164 ff. BGB anzuwenden.

**Gewinne und Verluste** sind bei der GbR **nach Köpfen** zu verteilen, wenn der Gesellschaftervertrag keine andere Regelung vorsieht (§ 722 BGB). Rechnungsabschluss und Gewinnverteilung erfolgen bei Gelegenheitsgesellschaften erst bei Auflösung (§ 721 I BGB), bei auf Dauer angelegten Gesellschaften zum Geschäftsjahresende (§ 721 II BGB). Eine abweichende vertragliche Regelung kann auch in diesem Punkt erfolgen.

Das Vermögen, welches im Rahmen der Gründung und der Tätigkeit der GbR erworben wird, ist **gemeinschaftliches Vermögen** aller Gesellschafter (§ 718 BGB). Das Vermögen steht den Gesellschaftern nur als **Gesamthandsvermögen** zu (§ 719 BGB), d.h. ein Gesellschafter
• kann nicht über seinen Anteil verfügen
• kann nicht über einzelne Gegenstände verfügen
• kann keine Teilung verlangen.

Für die Schulden der GbR haften alle Gesellschafter als **Gesamtschuldner**. Diese gesamtschuldnerische Haftung der Gesellschafter ergibt sich aus der gemeinsamen Zweckverfolgung in Verbindung mit § 427 BGB und der bedingten Rechtsfähigkeit der GbR.

Soll in das Gesellschaftsvermögen zwangsvollstreckt werden, ist jedoch aufgrund der gesamthänderischen Bindung ein vollstreckbarer Titel gegen alle Gesellschafter erforderlich (§ 736 ZPO) bzw. ein Titel gegen die Gesellschaft.

---

[59] *BGH*, Urteil vom 29. Januar 2001 – II ZR 331/00.

Eine **Auflösung** der Gesellschaft erfolgt bei (§§ 723 ff. BGB):
- Vereinbarung
- Kündigung eines Gesellschafters
- Kündigung durch einen Privatgläubiger
- Zweckerreichung oder Unerreichbarkeit des Zwecks
- Tod eines Gesellschafters
- Insolvenz eines Gesellschafters oder der Gesellschaft
- Zeitablauf.

Die Auflösung kann vermieden werden, wenn der Gesellschaftsvertrag das Ausscheiden von Gesellschaftern vorsieht (§§ 736, 737 BGB). Im Falle des Ausscheidens geht der Anteil des ausscheidenden Gesellschafters am Gesellschaftsvermögen auf die übrigen Gesellschafter über (§ 738 BGB). Für seinen Anteil am Gesellschaftsvermögen entstehen dem Ausscheidenden **Abfindungsansprüche** gegenüber den verbliebenen Gesellschaftern.

## f)    Atypische Verträge und Typvermischung

Da im Schuldrecht das Prinzip der Vertragsfreiheit gilt, können abweichend von den gesetzlich geregelten Vertragstypen auch atypische Verträge geschlossen werden. Um Verträge an die Bedürfnisse der Vertragspartner anzupassen, ist es weiterhin möglich, verschiedene Verträge zu kombinieren.

Im Wirtschaftsrecht sind vor allem **Leasingverträge** und **Factoringverträge** von besonderer Bedeutung.

Leasing ist die mittel- oder langfristige atypische Vermietung von beweglichen oder unbeweglichen Wirtschaftsgütern. Die Überlassung des Leasingobjektes kann durch den Hersteller (direktes Leasing) oder durch Leasinggesellschaften (indirektes Leasing) erfolgen.

Nach der konkreten Gestaltung des Vertrags lässt sich zwischen Operate- und Finance-Leasing unterscheiden.

Beim **Operate**-Leasing hat der Leasing-Nehmer jederzeit das Recht, unter Einhaltung einer Kündigungsfrist zu kündigen. Das Investitionsrisiko liegt vollständig beim Leasing-Geber. Deshalb gilt der Leasing-Geber auch als wirtschaftlicher Eigentümer und ist aktivierungspflichtig.

Demgegenüber ist das **Finance**-Leasing langfristig ausgestaltet. Während der Grundmietzeit kann der Leasing-Nehmer nicht kündigen.

Unter Factoring wird der Kauf von Forderungen aus Warenlieferungen und Dienstleistungen verstanden.[60]

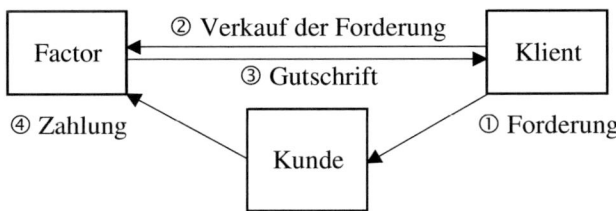

Beim Factoring ist nach der Übernahme des Kreditrisikos zwischen

• echtem Factoring und
• unechtem Factoring

zu unterscheiden. Während beim echten Factoring der Factor das Forderungsausfallrisiko übernimmt, bleibt beim unechten Factoring das Risiko beim Veräußerer der Forderung.

Rechtlich handelt es sich beim echten Factoring[61] um einen Rechtskauf (§§ 433 ff. BGB), der durch Abtretung der Forderung (§§ 398 ff. BGB) erfüllt wird. Unechtes Factoring stellt eine Kreditgewährung (§§ 488 ff. BGB) dar, die durch Abtretung der Forderung (§§ 398 ff. BGB) gesichert wird.

Typgemischte Verträge sind z.B. Kaufverträge mit Montageverpflichtung, die Elemente des Kauf- und des Werkvertragsrecht enthalten. Ähnlich gelagert ist der Bewirtungsvertrag, der Elemente des Kauf-, Dienst-, Werk- und Mietvertragsrechts enthält.

Für die Festlegung des geltenden Rechts werden verschiedene Lösungen vorgeschlagen. Nach der Absorptionstheorie ist das Recht des im Vordergrund stehenden Vertragstyps anzuwenden.

Dies gilt unzweifelhaft dann, wenn eine entsprechende gesetzliche Regelung wie § 650 BGB besteht.

Demgegenüber sind nach der Kombinationstheorie für jede Pflicht die für den betreffenden Vertragstyp geltenden Regeln anzuwenden. Dies erscheint dann sachgerecht, wenn es dem mutmaßlichen Parteiwillen entspricht.

---

[60] Abbildung in Anlehnung an *Olfert/Reichel*: Finanzierung, 13. Auflage, Ludwigshafen 2005, S. 337.
[61] *BGH*, Urteil vom 15. April 1987 – VIII ZR 97/86.

## 2.    Gesetzliche Schuldverhältnisse
## a)    Geschäftsführung ohne Auftrag

Eine Geschäftsführung ohne Auftrag (GoA) liegt nach § 677 BGB vor, wenn jemand ein Geschäft für einen anderen besorgt, ohne von ihm beauftragt oder sonst dazu berechtigt zu sein (Abgrenzung vor allem zum Auftrag nach § 662 BGB). Die „echte" GoA setzt somit den Willen voraus, ein fremdes Geschäft zu besorgen.

Demgegenüber kommen die §§ 677 ff. BGB nicht zur Anwendung, wenn es am Fremdgeschäftsführungswillen fehlt („unechte" GoA, § 687 I BGB). Führt jemand bewusst ein fremdes Geschäft als eigenes („angemaßte" GoA, § 687 II BGB), können sowohl Schadensersatz- und Herausgabeansprüche aus GoA (§§ 677, 678, 681, 667 BGB), als auch Ansprüche aus unerlaubter Handlung bzw. ungerechtfertigter Bereicherung geltend gemacht werden.

Bezüglich der Rechtsfolgen ist zwischen der berechtigten und der unberechtigten GoA zu unterscheiden.

Eine berechtigte GoA liegt vor, wenn die Übernahme dem Interesse und dem wirklichen oder mutmaßlichen Willen des Geschäftsherrn entspricht (§ 683 S. 1 BGB). Dem Interesse des Geschäftsherrn entspricht die Übernahme, wenn sie ihm objektiv nützlich ist. Soweit der tatsächliche Wille des Geschäftsherrn zu ermitteln ist, hat dieser Vorrang. Eine Abweichung vom tatsächlichen Willen ist nur dann berechtigt, wenn eine im öffentlichen Interesse liegende Pflicht oder eine gesetzliche Unterhaltpflicht des Geschäftsherrn erfüllt wird (§ 679 BGB). Ist der tatsächliche Wille nicht ermittelbar, so ist vom Interesse auf den mutmaßlichen Willen zu schließen.

**Beispiel 1:**
Kurz vor Antritt seiner zweiwöchigen Urlaubsreise ist Kurt sein Hund entlaufen. Einen Tag, nachdem Kurt verreist ist, läuft der Hund seinem Nachbarn zu. Dieser füttert den Hund bis zur Rückkehr des Kurt.
Der Nachbar hat, ohne von Kurt dazu beauftragt worden zu sein, ein Geschäft für Kurt besorgt. Der tatsächliche Wille des Kurt zur Geschäftsführung ist nicht ermittelbar. Da durch die Fütterung des Hundes das Eigentum des Kurt vor Schaden bewahrt wird, liegt sie im Interesse des Kurt und entspricht somit seinem mutmaßlichen Willen. Damit liegt eine berechtigte GoA vor (§§ 677, 683 BGB).

**Beispiel 2:**
Anton ist Eigentümer einer Doppelhaushälfte. Aufgrund der Erhöhung der Grundsteuer weigert er sich seiner Schneeräumpflicht nachzukommen. Bertram, der Eigentümer der anderen Hälfte, lässt durch einen Hausmeisterdienst den Weg vor seiner und Antons Seite räumen.
Trotz dem entgegenstehenden Willen Antons liegt nach § 679 BGB eine berechtigte GoA vor, da Bertram eine im öffentlichen Interesse liegende Pflicht des Anton erfüllt.

Nach § 677 BGB hat der Geschäftsführer die Interessen des Geschäftsherrn zu wahren. Er hat im Gegenzug Anspruch auf Ersatz seiner Aufwendungen (§§ 683, 670 BGB). Das, was er durch die Geschäftsführung erlangt hat, ist an den Geschäftsherrn herauszugeben (§§ 681, 667 BGB).

Fortsetzung **Beispiel 1**:
Der Nachbar kann von Kurt den Ersatz der Fütterungskosten (§§ 683, 670 BGB) verlangen; Kurt kann seinerseits Herausgabe des Hundes (681, 667 BGB) verlangen.

Eine unberechtigte GoA liegt vor, wenn die Geschäftsführung nicht dem wirklichen oder mutmaßlichen Willen des Geschäftsherrn entspricht. Folge ist eine verschuldensunabhängige Haftung des Geschäftsführers (§ 678 BGB). Dieser kann keinen Aufwendungsersatz, sondern lediglich das Erlangte nach den Grundsätzen der ungerechtfertigten Bereicherung verlangen (§ 684 S. 1 BGB).

Aus der unberechtigten GoA kann allerdings durch Genehmigung des Geschäftsherrn eine berechtigte GoA werden (§ 684 S. 2 BGB).

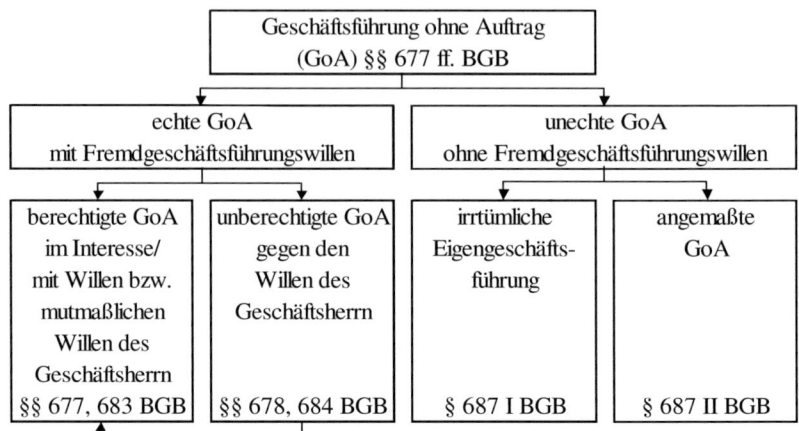

## b)     Ungerechtfertigte Bereicherung

Im Recht der ungerechtfertigten Bereicherung werden die Fälle geregelt, in denen eine Person einen **rechtlichen Vorteil** erlangt, ohne einen Anspruch darauf zu haben. Ziel des Bereicherungsrechts ist es, den nicht gerechtfertigten Vermögensvorteil rückgängig zu machen.

Eine ungerechtfertigte Bereicherung kann auf unterschiedlichste Art zustande kommen. Nachfolgend sollen wichtige Fallgruppen betrachtet werden:

1. Bereicherung durch Leistung ohne Rechtsgrund § 812 I S. 1, 1. Alt. BGB
   **Beispiel:** Ein nichtiger Vertrag wurde erfüllt.
2. Wegfall des Rechtsgrundes einer Leistung § 812 I S. 2, 1. Alt. BGB
   **Beispiel:** Die Bedingung eines auflösend bedingten Vertrags tritt ein (§ 158 II BGB).
3. Nichteintritt des mit einer Leistung bezweckten Erfolgs § 812 I S. 2, 2. Alt. BGB
   **Beispiel:** Der Neffe baut nach testamentarischer Erbeinsetzung ein Haus auf dem Grundstück seiner Tante, die später ihr Testament ändert.[62]
4. Bereicherung durch Leistung trotz dauernder Einrede § 813 BGB (Beachte aber: § 214 II BGB wird nicht ausgeschlossen)

---

[62] In Anlehnung an *BGH*, Urteil vom 29. November 1965 – VII ZR 214/63.

5. Annahme einer Leistung unter Verstoß gegen Gesetz oder gute Sitten § 817 S. 1 BGB
6. Bereicherung in sonstiger Weise § 812 I S. 1, 2. Alt. BGB
   **Beispiel:** Ein Unternehmer projiziert seine Werbung an die fensterlose Wand eines Hauses ohne Zustimmung des Eigentümers.
7. Verfügung eines Nichtberechtigten § 816 I BGB
   **Beispiel:** Ein Minderjähriger schenkt seinem volljährigen Freund ohne Zustimmung der Eltern seine goldene Uhr, dieser verkauft sie an einen gutgläubigen Dritten.
8. Bewirkung einer Leistung an einen Nichtberechtigten § 816 II BGB
   **Beispiel:** Der Schuldner zahlt nach stiller Zession an den alten Gläubiger.

Die Fallgruppen 1.-5. werden als Leistungskondiktionen, die Fallgruppen 6.-8. als Nichtleistungskondiktionen bezeichnet.

Rechtsfolge der ungerechtfertigten Bereicherung ist ein Anspruch auf Herausgabe des Erlangten bzw. Wertersatz, § 818 I, II BGB.

Der Rückforderungsanspruch kann jedoch auch ausgeschlossen sein („Kondiktionssperren"):

• bei Kenntnis des Leistenden von seiner Nichtleistungspflicht § 814 BGB
**Beispiel:**
Anton zahlt Unterhalt für das Kind von Beate, obwohl er weiß, dass er nicht der Vater des Kindes ist.
• bei Verstoß des Leistenden gegen ein gesetzliches Verbot bzw. die guten Sitten § 817 S. 2 BGB
**Beispiel:**
Bauamtsleiter Clausen ist u.a. zuständig für die Erteilung von Baugenehmigungen. Der Bauunternehmer Baumann zahlt ihm „unter der Hand" 10.000 € für die Erteilung der Baugenehmigung für ein Einkaufszentrum. Als Baumann erfährt, dass die Genehmigung bereits vorher erteilt wurde, verlangt er die Rückzahlung der 10.000 €.
Ein Anspruch auf Rückzahlung könnte sich aus § 817 S. 1 BGB ergeben, da die Annahme des Geldes durch Clausen gegen das Verbot des § 331 StGB (Vorteilsannahme) verstoßen hat. Die Rückzahlung ist jedoch nach § 817 S. 2 BGB ausgeschlossen, da dem Baumann ebenfalls ein Verstoß gegen ein gesetzliches Verbot – § 333 StGB (Vorteilsgewährung) – zur Last fällt.
• bei nachträglichem Wegfall der Bereicherung § 818 III BGB; dies gilt jedoch nur für den gutgläubigen Bereicherungsschuldner, §§ 818 IV, 819 I, 292, 989 BGB

## c)     Unerlaubte Handlung

Das Recht der unerlaubten Handlung regelt die zivilrechtliche Verantwortlichkeit für deliktisches Handeln. Damit wird eine Rechtsbeziehung außerhalb eines Vertrags geschaffen, die einen **Anspruch auf Schadensersatz** begründet.

Hauptanwendungsfall der unerlaubten Handlung ist die schuldhafte, widerrechtliche Schädigung eines geschützten Rechtsguts nach § 823 I BGB. Dazu müssen folgende **Voraussetzungen** erfüllt sein:

1. Tatbestand
   Durch das Handeln (Tun oder Unterlassen bei einer Handlungspflicht) des Schuldners wird ein geschütztes Rechtsgut verletzt.
   Geschützte Rechtsgüter sind:
   • das Leben
   • der Körper
   • die Gesundheit
   • die Freiheit
   • das Eigentum und
   • sonstige Rechte.

   Als sonstige Rechte i.S.d. § 823 I BGB kommen nicht beliebige Rechte, sondern nur „absolute" Rechte wie z.B. das allgemeine Persönlichkeitsrecht[63] (Artt. 1, 2 GG), der berechtigte Besitz oder das Recht am eingerichteten und ausgeübten Gewerbebetrieb[64] in Betracht.

2. Widerrechtlichkeit
   Widerrechtlichkeit liegt vor, wenn kein Rechtfertigungsgrund wie Einwilligung des Geschädigten, Notwehr § 227 BGB, Notstand §§ 228, 904 BGB oder Selbsthilfe §§ 229 ff. BGB vorliegt.

3. Verschulden
   Als Verschulden gilt grundsätzlich Vorsatz und Fahrlässigkeit. Weiterhin muss Verschuldensfähigkeit (Deliktfähigkeit) gemäß §§ 827, 828 BGB vorliegen.
   Nach § 828 I BGB ist ein noch nicht siebenjähriger deliktunfähig, d.h. für unerlaubte Handlungen zivilrechtlich nicht verantwortlich. Noch nicht Zehnjährige sind von der Haftung für nicht vorsätzlich verursachte Unfälle mit Kfz und Bahn freigestellt.

---

[63] *BGH*, Urteil vom 25. Mai 1954 – I ZR 211/53.
[64] *BGH*, Urteil vom 09. Dezember 1958 – VI ZR 199/57.

Ein beschränkt Deliktfähiger, d.h. ein Minderjähriger, der das siebente Lebensjahr vollendet hat, haftet nur, wenn er die Schädlichkeit seines Tun erkennen musste (§ 828 III BGB). Eine Ausnahme stellt die Billigkeitshaftung nach § 829 BGB dar.

**Beispiel:**
Ein 8-jähriger läuft seinem Ball nach, der auf die Straße rollt. Ein Autofahrer, der nicht mehr rechtzeitig bremsen kann, weicht aus und streift einen Straßenbaum. Am Fahrzeug entsteht ein Schaden von 2.500 €.

Obwohl tatbestandsmäßig eine unerlaubte Handlung nach § 823 I BGB vorliegt, kann der Autofahrer von dem Kind keinen Schadensersatz fordern, da dessen Verantwortlichkeit nach § 828 II BGB ausgeschlossen ist.

4. Schaden

5. Kausalität
Haftungsbegründende Kausalität liegt vor, wenn die schädigende Handlung ursächlich für die Rechtsgutverletzung ist. Haftungsausfüllende Kausalität bedeutet Ursächlichkeit der Rechtsgutverletzung für den Schaden. Bei der Kausalität sind nur adäquat kausale Folgen zu berücksichtigen, völlig unwahrscheinliche und ungewöhnliche Folgen zählen hiernach als nicht kausal.

**Rechtsfolge** der unerlaubten Handlung ist ein Anspruch des Verletzten auf Schadensersatz (zu Art und Umfang vgl. §§ 249 ff. BGB[65]).

Neben der Haftung gemäß § 823 I BGB bei Schädigung eines geschützten Rechtsguts, kann sich eine unerlaubte Handlung auch aus einem **Verstoß gegen ein Schutzgesetz** nach § 823 II BGB (z.B. bei Betrug Haftung gemäß § 823 II i.V.m. § 263 StGB), aus **vorsätzlicher sittenwidriger Schädigung** nach § 826 BGB sowie aus einer Reihe von **Sondertatbeständen** ergeben. Diese sind insbesondere:

• die Kreditgefährdung § 824 BGB,
• die Aufsichtspflichtverletzung § 832 BGB und
• die Tierhalterhaftung 833 BGB.

---

[65] Zu den Einzelheiten vgl. Kapitel C. I. 3.

Außer der Haftung für eigene Handlungen kommt auch die **Haftung für den Verrichtungsgehilfen** nach § 831 BGB in Betracht. Dazu müssen folgende **Voraussetzungen** erfüllt sein:

1. Unerlaubte Handlung eines Verrichtungsgehilfen
   Verrichtungsgehilfe ist, wer mit Wissen und Wollen des Geschäftsherrn tätig wird und dessen Weisungen unterliegt. Der Verrichtungsgehilfe muss tatbestandsmäßig und widerrechtlich eine unerlaubte Handlung begangen haben.

2. In Ausführung der übertragenen Verrichtung
   Eine Haftung des Geschäftsherrn setzt voraus, dass der Verrichtungsgehilfe die schädigende Handlung in Ausführung (und nicht nur bei Gelegenheit) der Verrichtung begangen hat.

3. Überwachungs- oder Auswahlverschulden
   Das Verschulden des Geschäftsherrn wird vermutet, er kann jedoch den sogenannten Exkulpationsbeweis erbringen. Die Haftung tritt nicht ein, wenn der Geschäftsherr beweist, dass er den Verrichtungsgehilfen sorgfältig ausgewählt und überwacht hat.

**Beispiel:**
Grundstückseigentümer Alfred beauftragt Gärtner Gustav, in seinem Garten einen Baum zu fällen. Durch mangelnde Sorgfalt des Gustav fällt der Baum auf den Zaun des Nachbarn Norbert, der dadurch einen Schaden in Höhe von 300 € erleidet.

Norbert hat zunächst Anspruch auf Schadensersatz gegen Gustav als den unmittelbaren Schädiger nach § 823 I BGB, da dieser durch das Fällen des Baums (schädigende Handlung) das Eigentum des Norbert (geschütztes Rechtsgut) schuldhaft (fahrlässig, § 276 II BGB) und widerrechtlich geschädigt hat.

Ein Anspruch gegen Alfred aus § 831 BGB kommt in Betracht, da Gustav mit Wissen und Wollen des Alfred tätig geworden ist und somit sein Verrichtungsgehilfe ist. Alfred haftet jedoch nicht, wenn er nachweisen kann, dass er Gustav sorgfältig ausgewählt und überwacht hat.

# D. Sachenrecht
# I. Grundlagen
# 1. Gegenstand und Grundsätze des Sachenrechts

Das Sachenrecht regelt die rechtlichen Beziehungen zwischen Personen und Sachen. Im Gegensatz zum Schuldrecht sind die im **Sachenrecht** geregelten Rechte **absolute Rechte**, d.h. sie können gegenüber Jedermann geltend gemacht werden.

Die im Sachenrecht geregelten Rechte werden als **dingliche Rechte** bezeichnet. Neben dem Eigentum als umfassenden Recht können auch beschränkte dingliche Rechte bestehen. Von Bedeutung sind vor allem dingliche Nutzungs- und Sicherungsrechte.

Ein weiterer Unterschied zum Schuldrecht besteht im **Typenzwang** des Sachenrechts. Die möglichen Rechte an Sachen sind gesetzlich abschließend geregelt. Somit besteht im Sachenrecht zwar Abschluss-, nicht aber Gestaltungsfreiheit.

Um Rechte an Sachen nach Außen erkennbar zu machen, gilt im Sachenrecht der Grundsatz der **Publizität**. Bei Grundstücken gewährleistet die Eintragung im Grundbuch die Publizität, bei beweglichen Sachen der Besitz. Folglich begründet die Eintragung im Grundbuch die Vermutung des Rechts an einem Grundstück (§§ 891, 892 BGB), der Besitz einer beweglichen Sache die Vermutung des Eigentums (§ 1006 BGB).

Der **Bestimmtheitsgrundsatz** sichert ebenfalls die Erkennbarkeit dinglicher Rechte. Dingliche Rechte können somit nur an konkret bezeichneten Sachen bestehen.

**Beispiel:**
Eigentum an einem von mehreren nur durch Typ und Ausstattung bestimmten, beim Schuldner befindlichen Computer kann nicht bestehen, sondern lediglich ein schuldrechtlicher Anspruch. Demgegenüber kann das Eigentum bestehen, wenn das Gerät – z.B. durch eine individuelle Gerätenummer – eindeutig bestimmt ist.

Der **Spezialitätsgrundsatz** besagt schließlich, dass jede Sache Gegenstand eines eigenständigen Eigentumsrechts ist.[66]

**Beispiel:**
An einem 10-bändigen Lexikon bestehen 10 Eigentumsrechte.

---

[66] Vgl. aber §§ 93, 94 BGB zu den wesentlichen Bestandteilen.

## 2. Sachenrechtliche Begriffe

Einige Begriffe, die vor allem im Sachenrecht von Bedeutung sind, regelt das BGB im allgemeinen Teil in den §§ 90 ff. BGB:[67]

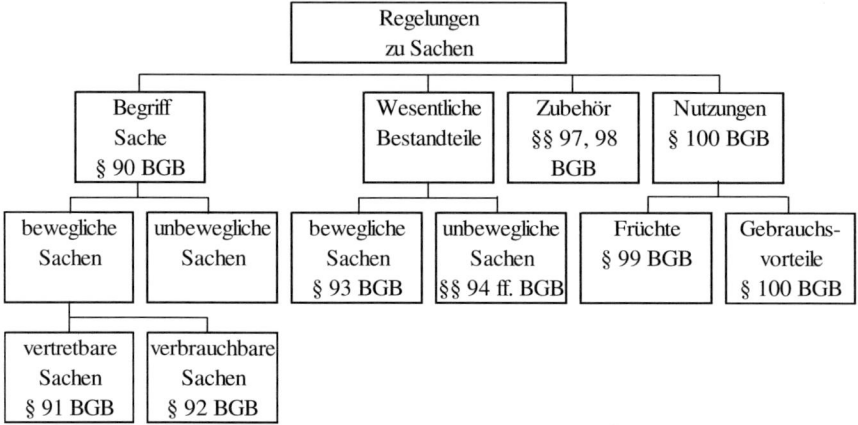

Sachen sind ausschließlich körperliche Gegenstände (§ 90 BGB). Diese werden – ohne besondere gesetzliche Definition – in **bewegliche Sachen** (Mobilien) und **unbewegliche Sachen** (Immobilien) unterschieden. Die Unterscheidung ist von enormer Bedeutung, da sich beispielsweise die Vorschriften über den Erwerb des Eigentums an beweglichen und unbeweglichen Sachen grundlegend unterscheiden.

Unbewegliche Sachen sind Grundstücke und deren wesentliche Bestandteile, bewegliche Sachen alle übrigen Sachen.

Ein Grundstück ist ein räumlich abgegrenzter Teil der Erdoberfläche, der im Grundbuch eingetragen ist. Für alle mit Grundstücken verbundenen Rechtsfragen ist das **Grundbuch** von enormer Bedeutung.

Das materielle Grundbuchrecht ist in den §§ 873 ff. BGB, das formelle Grundbuchrecht in der Grundbuchordnung (GBO) geregelt.

Das Grundbuch ist ein von den Amtsgerichten[68] (§ 1 I GBO) geführtes Verzeichnis aller im Amtsgerichtsbezirk gelegenen Grundstücke.

---

[67] In Anlehnung an: *Brox, Hans/Walker, Wolf-Dietrich*: Allgemeiner Teil des BGB, 32. Auflage, München 2008, S. 308.
[68] Eine Sonderregelung besteht nach § 149 GBO in Baden-Württemberg.

Im Grundbuch sind folgende Angaben zu finden:

| | |
|---|---|
| Bestandsverzeichnis: | Lage, Größe und Bewirtschaftung des Grundstücks |
| Abteilung 1: | Eigentümer und Erwerbsgrund |
| Abteilung 2: | Rechte und Belastungen (außer Grundpfandrechte) z.b. Vorkaufsrechte, Dienstbarkeiten, Nicßbrauch |
| Abteilung 3: | Grundpfandrechte (Hypothek, Grundschuld) |

Zur Eintragung ins Grundbuch müssen die einzutragenden Tatsachen mindestens öffentlich beglaubigt sein (§ 29 GBO). Die Eintragung erfolgt nur auf Antrag (§ 13 GBO) mit Bewilligung des voreingetragenen Berechtigten (§§ 19, 39 GBO).

Die Eintragung im Grundbuch begründet die gesetzliche Vermutung der Richtigkeit (§ 891 BGB). Zugunsten des gutgläubigen Erwerbers gilt der Inhalt als richtig und vollständig (§ 892 BGB, „Öffentlicher Glaube"), sofern kein Widerspruch (§ 899 BGB) gegen die Richtigkeit eingetragen ist.

Um Einsicht in das Grundbuch nehmen zu können, ist die Darlegung eines berechtigten Interesses notwendig (§ 12 I GBO).

**Vertretbare Sachen** sind solche, die üblicherweise nach Zahl, Maß oder Gewicht bestimmt werden (§ 91 BGB), **verbrauchbare Sachen** sind bestimmungsgemäß zum Verbrauch oder zur Veräußerung bestimmt (§ 92 BGB).

**Beispiele:**
Vertretbare Sachen sind z.B. Äpfel, Kraftstoff oder serienmäßig hergestellte Sachen. Nicht vertretbare Sachen sind Einzelanfertigungen und i.d.R. gebrauchte Sachen.
Verbrauchbare Sachen sind z.B. Lebensmittel, Brennstoffe und Geld.

Bestandteile sind die Teile einer zusammengesetzten Sache, die aufgrund der Verbindung ihre Selbständigkeit verlieren. Zu unterscheiden sind wesentliche und unwesentliche Bestandteile. **Wesentliche Bestandteile** sind solche, die nicht voneinander getrennt werden können, ohne dass eine Zerstörung oder wesentliche Veränderung eintritt (§ 93 BGB). Daher können wesentliche Bestandteile nicht Gegenstand eigener Rechte sein.

**Beispiele:**
Die Seiten eines Buchs sind wesentliche Bestandteile.

Der serienmäßig hergestellte Motor eines Kfz ist kein wesentlicher Bestandteil.[69]

Für unbewegliche Sachen wird der Begriff des wesentlichen Bestandteils durch § 94 BGB erweitert. Sachen, die mit einem Grundstück fest verbunden sind (§ 94 I BGB) oder zur Herstellung eines Gebäudes eingefügt sind (§ 94 II BGB), gehören zu den wesentlichen Bestandteilen.

**Beispiele:**
Gebäude, Bäume, in ein Gebäude eingebaute Fenster und Türen.

Eine Einschränkung nimmt § 95 BGB vor. Danach sind Sachen, die nur zu einem vorübergehenden Zweck mit dem Grund und Boden verbunden oder in das Gebäude eingefügt sind, keine wesentlichen Bestandteile.

**Beispiele:**
Baugerüste an einem Gebäude, mit einem Gründstück verbundene Kinderschaukel[70]

Zubehör sind bewegliche Sachen, die – ohne Bestandteil einer Hauptsache zu sein – dem wirtschaftlichen Zweck der Sache dienen (§ 97 BGB).

**Beispiele:**
Ersatzrad, Verbandskasten und Warndreieck sind Zubehör eines Kfz.

Nutzungen sind Früchte und Gebrauchsvorteile einer Sache (§ 100 BGB). Früchte sind die Erzeugnisse einer Sache (§ 99 I BGB) und die Erträge, die Erträge aus einem Rechtsverhältnis (§ 99 III BGB).

**Beispiele:**
Obst eines Gartens, Mieteinnahmen eines Gebäudes.

---

[69] *BGH*, Urteil vom 27. Juni 1973 – VIII ZR 201/72.
[70] *BGH*, Urteil vom 25. Oktober 1991 – V ZR 196/90.

# 3.　Besitz und Eigentum

Bei den Beziehungen zwischen Personen und Sachen sind die Begriffe Besitz und Eigentum zu unterscheiden. Im Gegensatz zum Gebrauch in der Umgangssprache sind Besitz und Eigentum unterschiedliche Kategorien.

**Besitz** ist die tatsächliche Herrschaft über eine Sache, also ausschließlich ein Tatbestand (§ 854 BGB). So ist z.b. auch der Dieb der Besitzer der gestohlenen Sache.

Kein Besitzer ist der **Besitzdiener** (§ 855 BGB). Der Besitzdiener übt die Herrschaft über die Sache nach den Weisungen einer anderen Person aufgrund eines Abhängigkeitsverhältnisses aus.

**Beispiele:**
Der angestellte Chauffeur ist in Bezug auf das Kfz seines Chefs Besitzdiener, die angestellte Sekretärin ist Besitzdiener bezüglich „ihres" PC.

Beim Besitz sind verschiedene **Arten** zu unterscheiden. Eine Person kann im Alleinbesitz sein, mehrere Personen – z.b. Ehegatten – können gemeinschaftlich im Mitbesitz (§ 866 BGB) sein.

Wer die tatsächliche Herrschaft über die Sache ausübt, ist unmittelbarer Besitzer. Wird der Besitz aufgrund eines Rechtsverhältnisses zeitweise einem Anderen überlassen (im Rahmen eines Besitzmittlungsverhältnisses), so bleibt der Überlassende mittelbarer Besitzer (§ 868 BGB).

**Beispiel:**
Im Rahmen eines Mietvertrags ist der Mieter unmittelbarer, der Vermieter mittelbarer Besitzer. Der Mietvertrag ist das Besitzmittlungsverhältnis bzw. Besitzkonstitut.

Weiterhin ist zwischen Eigen- und Fremdbesitz zu unterscheiden. Eigenbesitzer ist, wer die Sache als ihm gehörend besitzt (§ 872 BGB); Fremdbesitzer ist, wer das Eigentum eines Anderen anerkennt.

**Beispiel:**
Der Mieter ist Fremdbesitzer.

Letztlich ist zwischen fehlerhaftem und fehlerfreiem Besitz zu unterscheiden. Der Besitz ist fehlerhaft, wenn er dem bisherigen Besitzer widerrechtlich und gegen seinen Willen entzogen wurde (verbotene Eigenmacht § 858 BGB), fehlerfrei ist er, wenn der Besitzer rechtlich legitimiert ist.

**Beispiel:**
Der Dieb einer Sache ist fehlerhafter Besitzer.

Der Besitz wird gegen verbotene Eigenmacht geschützt. Nach § 859 BGB steht dem Besitzer das Recht zur Selbsthilfe zu, d.h. er darf seinen Besitz notfalls gewaltsam verteidigen (Besitzwehr, § 859 I BGB) und dem auf frischer Tat betroffenen Täter den Besitz wieder abnehmen (Besitzkehr, § 859 II, III BGB).

**Beispiel:**
Der Besitzer darf den auf frischer Tat ertappten Dieb verfolgen und ihm die gestohlene Sache notfalls gewaltsam abnehmen.

Nach § 861 BGB kann der Besitzer die Wiedereinräumung des entzogenen Besitzes und nach § 862 BGB Beseitigung der Besitzstörung verlangen. Diese Ansprüche erlöschen ein Jahr nach Verübung der verbotenen Eigenmacht (§ 864 BGB).

Vom Begriff des Besitzes streng zu trennen ist das **Eigentum**. Eigentum umfasst die rechtliche Verfügungsgewalt über eine Sache. Der Eigentümer kann über sein Eigentum frei verfügen, sofern nicht das Gesetz etwas anderes festlegt oder Rechte Dritter dem entgegenstehen (§ 903 BGB). Dabei ist u.a. die Sozialbindung des Eigentums zu beachten (Art. 14 II GG).

Der Eigentümer kann sein Eigentum von jedem Besitzer herausverlangen, es sei denn, der Besitzer hat ein Recht auf den Besitz (§§ 985, 986 BGB).

**Beispiel:**
Solange der Mietvertrag wirksam besteht, kann der Mieter die Herausgabe der vermieteten Sache an den Vermieter verweigern (§ 986 BGB i.V.m. § 535 BGB).

Nach § 1004 BGB hat der Eigentümer einen Beseitigungs- und Unterlassungsanspruch, wenn er in seinen Eigentumsrechten beeinträchtigt ist. Diese Vorschrift hat u.a. im Nachbarschaftsrecht erhebliche Bedeutung.

**Beispiele:**
Der Bauherr lagert einen Teil seines Baumaterials auf dem Nachbargrundstück. Der Nachbar hat einen Beseitigungsanspruch nach § 1004 BGB.
Anton benutzt regelmäßig die Grundstückseinfahrt des Bertram zum Wenden seines Transporters. Anton kann nach § 1004 BGB Unterlassung beanspruchen.

Eigentümer kann eine einzelne Person sein. Der Alleineigentümer kann im Rahmen des § 903 BGB allein über sein Eigentum verfügen. Möglich ist aber auch, dass mehrere Personen gemeinschaftliche Eigentümer sind. Dabei ist zwischen Bruchteilseigentum und Gesamthandseigentum zu unterscheiden.

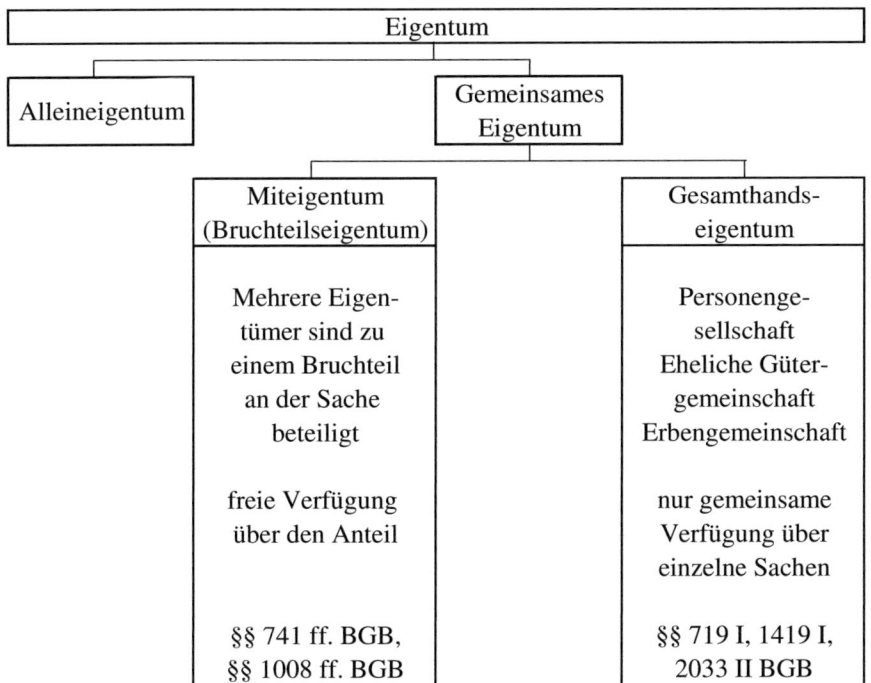

# 4. Eigentümer-Besitzer-Verhältnis

Ist eine Person Eigentümer einer Sache und ein anderer Besitzer, ohne ein Besitzrecht zu haben (§ 986 BGB), so hat der Eigentümer einen Herausgabeanspruch (§ 985 BGB, sogenannte **Vindikationslage**).

Die §§ 987 ff. BGB enthalten für dieses sogenannte **Eigentümer-Besitzer-Verhältnis (EBV)** besondere Bestimmungen, welche Regelungen zu Schadens-, Verwendungs- und Nutzungsersatz enthalten. Die Regelungen zum EBV sind – sofern eine Vindikationslage vorliegt – vorrangig vor den Regelungen zur unerlaubten Handlung und ungerechtfertigten Bereicherung[71] (§ 993 I BGB).

Für die Ansprüche des Eigentümers gegenüber dem Besitzer auf Nutzungsherausgabe und Schadensersatz ist zwischen dem gutgläubigen, dem bösgläubigen und dem deliktischen Besitzer zu unterscheiden.

**Gutgläubiger Besitzer** ist, wer weder wusste noch grob fahrlässig nicht wusste, dass er kein Besitzrecht hat. Der gutgläubige, unverklagte Besitzer haftet weder auf Nutzungsherausgabe noch auf Schadensersatz (§§ 987 I, 989 BGB).

**Beispiel:**
Anton erwirbt gutgläubig einen gestohlenen Pkw. Der Eigentümer Erwin hat durch die Veräußerung sein Eigentum nicht verloren (§ 935 I BGB). Da Anton ihm gegenüber nicht zum Besitz berechtigt ist, kann Erwin von Anton die Herausgabe des Pkw verlangen (§§ 985, 986 BGB). Anton haftet demgegenüber nicht auf Nutzungsersatz oder Schadensersatz wegen eventueller Beschädigungen des Pkw (§§ 987 I, 989 BGB).

Ab Eintritt der **Rechtshängigkeit** haftet der Besitzer auf Nutzungsherausgabe und Schadensersatz (§§ 987 I, 989 BGB). Gleiches gilt für den **bösgläubigen Besitzer** (§ 990 BGB).

Hat der Besitzer sich den Besitz durch verbotene Eigenmacht oder eine Straftat verschafft (**deliktischer Besitzer**), haftet er gemäß § 992 BGB nach den Regeln der unerlaubten Handlung[72] (§§ 823 ff. BGB).

Die möglichen Ansprüche auf Nutzungsherausgabe und Schadensersatz zeigt die folgende Übersicht.

---

[71] Eine Ausnahme besteht jedoch für § 816 I S. 1 BGB, der auch im EBV anwendbar ist.
[72] Zu den Einzelheiten vgl. Kapitel C. II. 2. c).

| Anspruch auf Nutzungsherausgabe und Schadensersatz im Eigentümer-Besitzer-Verhältnis | | | |
|---|---|---|---|
| gutgläubiger Besitzer | | bösgläubiger Besitzer | deliktischer Besitzer |
| vor Rechts- hängigkeit | nach Rechts- hängigkeit | | |
| nein | ja | ja | ja |
| §§ 987 I, 989 BGB | | § 990 BGB | § 992 BGB i.V.m. §§ 823 ff. BGB |

Verwendungen sind Vermögensaufwendungen, die dem Erhalt, der Wiederherstellung oder Verbesserungen dienen. Bezüglich des Verwendungsersatzes ist zwischen **notwendigen** und **nützlichen Verwendungen** zu unterscheiden. Notwendige Verwendungen sind für die Erhaltung oder das Bewirtschaften der Sache erforderlich.

**Beispiel:**
Eine zur Erhaltung der Verkehrssicherheit getätigte Reparatur eines Pkw ist eine notwendige Verwendung.

Verwendungen, die nicht lediglich der Erhaltung dienen, sind nützliche Verwendungen.

Der gutgläubige, unverklagte Besitzer kann notwendige Verwendungen nach § 994 I BGB vom Eigentümer ersetzt verlangen. Für den verklagten oder bösgläubigen Besitzer verweist § 994 II BGB auf die Geschäftsführung ohne Auftrag[73] (§§ 677 ff. BGB).

Nützliche Verwendungen können nur vom gutgläubigen, unverklagten Besitzer ersetzt verlangt werden, wenn sie sich wertsteigernd ausgewirkt haben (§ 996 BGB).

**Beispiel:**
Der gutgläubige Käufer eines gestohlenen Pkw lässt diesen umlackieren, obwohl dies zur Erhaltung nicht notwendig war. Er kann Verwendungsersatz nach § 994 I BGB nur verlangen, wenn durch die Umlackierung eine Wertsteigerung eingetreten ist.

---

[73] Zu den Einzelheiten vgl. Kapitel C. II. 2. a).

## II.    Eigentumserwerb an beweglichen Sachen
## 1.    Erwerb per Rechtsgeschäft

Der Eigentumserwerb per Rechtsgeschäft erfolgt regelmäßig durch **Einigung** zwischen Eigentümer und Erwerber und **Übergabe** an den Erwerber (§ 929 S. 1 BGB). Anstelle des Eigentümers kann auch ein anderer übereignen, der verfügungsbefugt ist. Verfügungsbefugt ist, wer als Stellvertreter (§§ 164 ff. BGB) des Eigentümers oder mit Einwilligung des Eigentümers verfügt (§ 185 BGB).

**Beispiel:**
Ein Kommissionär verkauft die vom Kommittenten gelieferte Ware an einen Kunden. Da der Kommissionär im eigenen Namen handelt (§ 383 BGB), liegt keine Stellvertretung (§ 164 BGB) vor. Mit der Einigung und Übergabe erwirbt der Käufer jedoch Eigentum nach §§ 929 S. 1 BGB i.V.m. § 185 I BGB, da der Kommissionär mit Einwilligung des Kommittenten veräußert.

Unter bestimmten Voraussetzungen ist die **Übergabe entbehrlich**:

• wenn der Erwerber bereits im Besitz der Sache ist, § 929 S. 2 BGB

• bei Ersatz der Übergabe durch ein Besitzmittlungsverhältnis, § 930 BGB (Besitzkonstitut)

   **Beispiel:** Unternehmer Klamm möchte eine neue Maschine kaufen und den Kaufpreis über ein Bankdarlehen finanzieren. Seine Bank ist bereit, ihm den erforderlichen Kredit zu gewähren, verlangt aber als Sicherheit die Übereignung der Maschine.
   Die Übereignung an die Bank erfolgt nach § 930 BGB. Dazu wird die an sich notwendige Übergabe durch ein Besitzmittlungsverhältnis, i.d.R. eine Leihe, ersetzt. Klamm bleibt somit unmittelbarer Besitzer der Maschine, während die Bank Eigentümer und mittelbarer Besitzer (§ 868 BGB) wird.

• bei Abtretung des Herausgabeanspruchs gegenüber Dritten, § 931 BGB

   **Beispiel:** Maler Kleksel hat das von ihm geschaffene Bild „Röhrender Hirsch" für drei Monate dem Galeristen Verni Sage leihweise überlassen. Als der Kunstliebhaber Schöngeist das Bild erblickt, hat er sofort den Wunsch, dieses zu erwerben. Er setzt sich mit Kleksel in Verbindung, der auch bereit ist, es sofort dem Schöngeist zu übereignen, sofern es für die verbleibende Restzeit in der Galerie verbleibt.
   Die Übereignung an Schöngeist kann nach § 931 BGB erfolgen, indem Kleksel ihm den gegenüber Verni Sage aus § 604 I BGB bestehenden Herausgabeanspruch abtritt.

Die verschiedenen Möglichkeiten des Eigentumserwerbs vom Berechtigten zeigt folgende Übersicht.

| Eigentumserwerb an beweglichen Sachen per Rechtsgeschäft vom Berechtigten | | | |
|---|---|---|---|
| Einigung zwischen Veräußerer und Erwerber § 929 S. 1 BGB | | | |
| **und** | | | |
| Übergabe | Erwerber bereits Besitzer | Ersatz der Übergabe durch | |
| | | Besitzmittlungsverhätnis | Abtretung des Herausgabeanspruchs |
| § 929 S. 1 BGB | § 929 S. 2 BGB | § 930 BGB | § 931 BGB |

Neben dem Eigentumserwerb vom Eigentümer ist auch der **Eigentumserwerb vom Nichtberechtigten** möglich. Allerdings müssen dafür besondere Bedingungen vorliegen.

Bei Veräußerung durch Einigung und Übergabe sind folgende **Voraussetzungen** zu prüfen:

• **Guter Glaube** an das Eigentum des Veräußerers, § 932 BGB
Der gute Glaube an die Verfügungsbefugnis reicht demgegenüber nicht aus.[74]
Ein Erwerber ist in gutem Glauben, wenn ihm weder bekannt noch aufgrund grober Fahrlässigkeit unbekannt ist, dass der Veräußerer nicht Eigentümer ist.

**Beispiel:**
Viktor verkauft dem Kurth seinen gebrauchten Pkw. Das Fahrzeug wird übergeben und Kurth zahlt den Kaufpreis, obwohl Viktor ihm den Kfz-Brief nicht übergibt. Auf Befragen erzählt Viktor, er habe den Brief versehentlich in seinem Büro liegen gelassen, werde ihn aber in den nächsten Tagen vorbeibringen. In Wahrheit befindet sich der Brief bei der Bank, der Viktor den Pkw zur Sicherheit übereignet hatte.
Kurth ist nicht in gutem Glauben, da sich aus dem fehlenden Kfz-Brief erhebliche Zweifel am Eigentum des Viktor ergeben.

---

[74] Eine Ausnahme stellt jedoch § 366 I HGB dar, nach dem bei einer Veräußerung durch einen Kaufmann der gute Glaube an die Verfügungsbefugnis ausreicht.

- **Einigung und Übergabe**, §§ 932, 929 BGB
  Bei Veräußerung nach § 929 S. 1 BGB muss der Erwerber bei Einigung und Übergabe gutgläubig gewesen sein. War der Erwerber bereits im Besitz der Sache (§ 929 S. 2 BGB), gilt dies nur, wenn er den Besitz vom Veräußerer erlangt hat.

- Die Sache darf dem Eigentümer **nicht** gegen seinen Willen **abhanden gekommen** sein, d.h. insbesondere nicht gestohlen oder verloren sein, § 935 I BGB. Ausnahmsweise kann auch an abhanden gekommenen Geld oder Inhaberpapieren sowie bei Versteigerung abhanden gekommener Sachen Eigentum erworben werden (§ 935 II BGB).

**Beispiel:**
Rudi Radler erwirbt auf dem Flohmarkt ein gebrauchtes Rennrad für 250 €, welches ihm vom Verkäufer gegen Zahlung des Kaufpreises übergeben wird. Später stellt sich heraus, dass der Verkäufer nicht Eigentümer des Rads war, was Radler nicht wissen konnte.
Radler ist in gutem Glauben, da ihm weder bekannt noch aufgrund grober Fahrlässigkeit unbekannt ist, dass der Verkäufer nicht Eigentümer war. Hat sich der Verkäufer das Rad geliehen und dann verkauft, wird Radler nach §§ 929, 932 BGB Eigentümer. War das Rad jedoch gestohlen, scheidet ein Eigentumserwerb nach § 935 I BGB aus.

Der gutgläubige Eigentumserwerb bei **Übereignung nach §§ 930, 931 BGB** ist neben der Notwendigkeit des guten Glaubens des Erwerbers und der Voraussetzung, dass die Sache nicht abhanden gekommen ist, an **weitere Bedingungen** geknüpft:

- Bei Übereignung durch Ersatz der Übergabe durch ein Besitzmittlungsverhältnis (§ 930 BGB) tritt der Eigentumserwerb nur bei tatsächlicher Übergabe an den Erwerber ein, wenn er dann noch im guten Glauben ist (§ 933 BGB).

- Bei Übereignung durch Abtretung des Herausgabeanspruchs (§ 931 BGB) erfolgt der Eigentumserwerb nur, wenn entweder der Veräußerer mittelbarer Besitzer ist oder bei Besitzerlangung vom Dritten, wenn der Erwerber dann noch im guten Glauben ist (§ 933 BGB).

## 2. Erwerb per Gesetz

Außer dem rechtsgeschäftlichen Eigentumserwerb kennt das BGB die Möglichkeit, Eigentum per Gesetz in folgenden Fällen zu erwerben:

• **Ersitzung §§ 937 ff. BGB**
Eigentumserwerb durch Ersitzung tritt nach 10-jährigem, gutgläubigem Eigenbesitz (§ 872 BGB) ein.

**Beispiel:**
Verni Sage kauft auf einem Flohmarkt ein Gemälde, ohne zu wissen, dass dieses gestohlen ist. Trotz gutem Glauben ist ein Eigentumserwerb nach §§ 929, 932 BGB ausgeschlossen, da der Diebstahl den Erwerb verhindert (§ 935 I BGB). Da Verni Sage sich jedoch für den Eigentümer hält, ist er im Eigenbesitz. Hält dieser 10 Jahre lang an, ohne dass der gute Glaube entfällt, erwirbt er Eigentum durch Ersitzung.

• **Verbindung, Vermischung, Verarbeitung §§ 946 ff. BGB**
Eine Verbindung mit einem Grundstück tritt nach §§ 946, 93, 94 BGB ein, wenn die Sache wesentlicher Bestandteil des Grundstücks wird.

**Beispiel:**
Ein Hersteller liefert Fenster unter Eigentumsvorbehalt an den Bauherrn. Trotz des vereinbarten Eigentumsvorbehalts erwirbt der Grundstückseigentümer das Eigentum an den Fenstern auch ohne Bezahlung, sobald diese eingebaut sind (§§ 946, 93, 94 BGB).

Werden bewegliche Sachen miteinander verbunden, so erwerben die bisherigen Eigentümer Miteigentum nach Bruchteilen an der neuen Sache, § 947 I BGB. Ist jedoch eine Sache als Hauptsache anzusehen, erwirbt deren Eigentümer Alleineigentum, § 947 II BGB.

**Beispiel:**
In ein Kfz wird eine neue Frontscheibe eingebaut. Der Eigentümer des Kfz erwirbt das Eigentum an der Scheibe nach § 947 II BGB.

Die Regelung des § 947 gilt gemäß § 948 BGB auch im Falle der Vermischung beweglicher Sachen.

Wird durch Verarbeitung einer oder mehrerer Sachen eine neue bewegliche Sache hergestellt, erwirbt der Hersteller das Eigentum an der neu hergestellten Sache.

**Beispiel:**[75]

Der Betreiber eines fleischverarbeitenden Betriebs erwirbt gutgläubig zwei gestohlene Bullen und verarbeitet diese zu Wurst.

Trotz Gutgläubigkeit tritt kein Eigentumserwerb nach §§ 929, 932 BGB ein, da § 935 I BGB den Eigentumserwerb an gestohlenen Sachen verhindert. Der verarbeitende Betrieb erwirbt jedoch Eigentum nach § 950 I BGB.

Derjenige, welcher sein Eigentum aufgrund der §§ 946 ff. BGB verliert, kann nach § 951 I BGB vom neuen Eigentümer Entschädigung nach den Vorschriften über eine ungerechtfertigte Bereicherung[76] verlangen. Dabei handelt es sich um eine Rechtsgrundverweisung, so dass immer auch die Voraussetzungen der §§ 812 ff. BGB vorliegen müssen.[77]

- **Aneignung herrenloser Sachen §§ 958 ff. BGB**
  Nach § 958 I BGB wird das Eigentum an einer herrenlosen Sache durch Besitzergreifung erworben, sofern die Aneignung nicht gesetzlich verboten ist oder eine andere Person das Aneignungsrecht hat. Eine Sache wird herrenlos, wenn der Eigentümer den Besitz aufgibt, um auf das Eigentum zu verzichten (§ 959 BGB).

**Beispiel:**

Ein Bahnreisender lässt an seinem Zielort seine ausgelesene Zeitschrift im Zugabteil liegen. Ein zugestiegener Reisender nimmt diese mit Aneignungsabsicht an sich.

- **Fund §§ 965 ff. BGB**
  Der Finder einer verlorenen Sache ist nach § 965 BGB zur Fundanzeige verpflichtet, wenn die Sache mehr als 10 € wert ist. Wird der Verlierer binnen 6 Monaten ermittelt, bekommt er seine Sache zurück, der Finder hat nach § 971 BGB Anspruch auf Finderlohn. Wird innerhalb der 6 Monate der Verlierer nicht ermittelt, erwirbt der Finder das Eigentum. Innerhalb von 3 Jahren ab dem Eigentumserwerb kann der Verlierer gegenüber dem neuen Eigentümer einen Anspruch aus ungerechtfertigter Bereicherung geltend machen (§ 977 BGB).

- **Erbschaft §§ 1922 ff. BGB**[78]

---

[75] *BGH*, Urteil vom 11. Januar 1971 – VIII ZR 261/69.
[76] Zu den Einzelheiten vgl. Kapitel C. II. 2. b).
[77] *BGH*, Urteil vom 11. Januar 1971 – VIII ZR 261/69.
[78] Zu den Einzelheiten vgl. Kapitel F.

## III.  Eigentumserwerb an unbeweglichen Sachen
## 1.  Erwerb per Rechtsgeschäft

Für die Übertragung des Eigentums an Grundstücken ist die **Auflassung** (Einigung der Vertragspartner) und die **Eintragung** im Grundbuch erforderlich (§§ 925, 873 BGB).

Die Auflassung muss regelmäßig vor einem Notar erklärt werden (§ 925 BGB). Das zugrundeliegende Verpflichtungsgeschäft bedarf notarieller Beurkundung (§ 311b I S. 1 BGB). Der Notar soll die Auflassung nur entgegen nehmen, wenn die Beurkundung gleichzeitig erfolgt oder die betreffende Urkunde vorgelegt wird (§ 925a BGB).

Da zwischen Vertragsschluss und Eintragung im Grundbuch eine längere Zeit liegen kann, ist eine **Vormerkung** im Grundbuch nach § 883 BGB möglich und Absicherung des Erwerbers empfehlenswert. Diese bewirkt die Unwirksamkeit von Verfügungen nach der Eintragung der Vormerkung, welche dem Anspruch des Vorgemerkten zuwider laufen.

Bei Grundstücken ist ein **gutgläubiger Eigentumserwerb** vom Nichteigentümer ebenfalls möglich. Gemäß § 892 BGB setzt der gute Glaube hier jedoch voraus, dass der Veräußerer im Grundbuch eingetragen ist.


## 2.  Erwerb per Gesetz

Auch bei Grundstücken besteht die Möglichkeit des Eigentumserwerbs per Gesetz:

• Ersitzung § 900 BGB
   Der Eigentumserwerb durch Ersitzung („Buchersitzung") setzt voraus, dass der Erwerber 30 Jahre lang im Grundbuch als Eigentümer eingetragen ist und in dieser Zeit das Grundstück im Eigenbesitz hat.

• Erbschaft §§ 1922 ff. BGB[79]

• Zuschlag bei der Zwangsversteigerung nach § 90 ZVG

---

[79] Zu den Einzelheiten vgl. Kapitel F.

# IV.  Sicherungsrechte
## 1.  Überblick

In den meisten Fällen werden von Banken für die Kreditvergabe Sicherheiten verlangt. Diese Sicherungsrechte kommen selbstverständlich auch für andere Forderungen, z.b. für Kaufpreisforderungen in Betracht. Neben Sicherheiten, welche das Schuldrecht regelt – insbesondere Bürgschaft[80] und Sicherungszession[81] – spielen vor allem die dinglichen Sicherheiten eine Rolle.

Dabei kommen als Sicherheit insbesondere in Betracht:
- Eigentumsvorbehalt[82]
- Pfandrecht
- Sicherungsübereignung
- Hypothek
- Grundschuld


## 2.  Pfandrecht

Das **Wesen** des Pfandrechts besteht darin, dass der Gläubiger sich bei Nichtleistung des Schuldners aus dem Pfand in Höhe seiner Forderung befriedigen kann (§ 1204 BGB). Für das wirksame Entstehen ist es erforderlich, dass sich Gläubiger und Schuldner **einigen** und dass das Pfand **übergeben** wird (sogenanntes Faustpfand, § 1205 BGB). Insofern ist der Gläubiger auch für die Verwahrung des Pfandes zuständig (§ 1215 BGB).

Wird die zugrundeliegende Verbindlichkeit erfüllt, so ist der Gläubiger zur Rückgabe des Pfandes verpflichtet (§ 1223 BGB). Leistet der Schuldner nicht, so kann der Gläubiger sich durch Verkauf aus der Sache befriedigen (§ 1228 BGB). Dieser Verkauf hat jedoch im Wege der öffentlichen Versteigerung zu erfolgen und muss dem Schuldner mindestens einen Monat vorher angekündigt werden (§§ 1233-1235 BGB). Hat das Pfand ausschließlich einen Börsen- oder Marktwert, so kann der Verkauf ausnahmsweise auch freihändig erfolgen (§ 1221 BGB).

Die Vorschriften über das Pfandrecht sind auch auf gesetzliche Pfandrechte (z.B. Werkunternehmerpfandrecht § 647 BGB oder Vermieterpfandrecht §§ 562 ff. BGB) anzuwenden.

---

[80] Zu den Einzelheiten vgl. Kapitel C. II. 1. e) aa).
[81] Zu den Einzelheiten vgl. Kapitel C. I. 10. e).
[82] Zu den Einzelheiten vgl. Kapitel C. II. 1. b) aa).

Der **Vorteil** des Pfandrechts besteht darin, dass es – bei entsprechender Werthaltigkeit des Pfandes – eine hohe Sicherheit bietet. **Nachteilig** ist, dass der Schuldner die Sache aus der Hand geben und der Gläubiger sie verwahren muss. Insofern kommen für ein Pfandrecht nur Wertpapiere, wertvolle Schmuck- oder Kunstgegenstände und ähnliche unproduktive Sachen in Betracht.

## 3. Sicherungsübereignung

Um die Nachteile des Pfandrechts zu vermeiden, wird in der Praxis häufiger die Sicherungsübereignung als Form der Kreditsicherung an beweglichen Sachen angewandt. Die Sicherungsübereignung ist als solche nicht konkret im BGB geregelt. Normalerweise erfolgt der Eigentumserwerb an beweglichen Sachen nach § 929 BGB durch Einigung und Übergabe. Bei der Sicherungsübereignung wird jedoch von der Regelung des § 930 BGB Gebrauch gemacht, nach der die Übergabe durch ein Besitzmittlungsverhältnis ersetzt wird (Besitzkonstitut). Dieses kann z.B. ein Leih- oder Verwahrungsvertrag sein.

Leistet nun der Schuldner nicht, so kann der Gläubiger nach Kündigung des Besitzmittlungsverhältnisses sein Eigentum nach § 985 BGB herausverlangen.

Der **Nachteil** der Sicherungsübereignung besteht darin, dass ein gutgläubiger Erwerb durch einen Dritten möglich bleibt. Häufig lässt sich dieser Nachteil jedoch vermeiden, indem z.B. der Kfz-Brief des zur Sicherheit übereigneten Kfz bei der Bank verbleibt und insofern die Gutgläubigkeit Dritter nicht möglich ist.

## 4. Hypothek und Grundschuld

Als Grundpfandrechte zur Absicherung einer Forderung kommen insbesondere **Hypothek und Grundschuld** in Betracht. Bei einem Grundpfandrecht wird ein Grundstück in der Weise belastet, dass der Inhaber des Grundpfandrechts bei Fälligkeit der zugrundeliegenden Forderung Befriedigung im Wege der Zwangsvollsteckung verlangen kann (§§ 1113, 1147 BGB).

Damit ein Grundpfandrecht zustande kommt, ist **Einigung** zwischen dem Eigentümer des Grundstücks und dem Grundpfandrechtsgläubiger sowie **Eintragung** ins Grundbuch erforderlich (§ 873 BGB). Da die Grundbucheintragung nach § 29 GBO mindestens öffentlich beglaubigte Form erfordert, ist für die Erklärung über die Einigung öffentliche Beglaubigung bzw. notarielle Beurkundung erforderlich. In der Praxis wird die Grundpfandrechtsbestellung nahezu ausnahmslos notariell beurkundet, um direkt aus der Urkunde die Zwangsvollstreckung betreiben zu können (§ 800 ZPO).

Über die Bestellung des Grundpfandrechts wird in der Regel ein Hypotheken-bzw. Grundschuldbrief ausgestellt, an den die Geltendmachung des Rechts gebunden ist (§§ 1116 I, 1117, 1160 BGB). Auf die Ausstellung des Briefes kann auch verzichtet werden (§ 1116 II BGB), dann liegt eine Buchhypothek bzw. -grundschuld vor, die nur von dem eingetragenen Gläubiger geltend gemacht werden kann. Die Übertragung des Briefgrundpfandrechts erfolgt durch schriftliche Abtretungserklärung und Übergabe des Briefes, bei der Buchhypothek bzw. -grundschuld ist eine Änderung im Grundbuch erforderlich (§ 1154 BGB).

Bei Grundpfandrechten ist der **Rang** von Grundstücksrechten zu beachten. Grundsätzlich hat ein früher eingetragenes Recht Vorrang, d.h. es wird im Falle der Zwangsversteigerung bevorzugt befriedigt (§ 879 BGB).

Neben diesen Gemeinsamkeiten zwischen Hypothek und Grundschuld gibt es auch Unterschiede.

Die Hypothek setzt das Bestehen einer zugrundeliegenden Forderung für ihren Bestand zwingend voraus, ist **akzessorisch**. Insofern entsteht die Hypothek auch maximal in der Höhe, in der die Forderung entstanden ist. So steht z.B. die auf ein Grundstück eingetragene Hypothek, solange der Kredit noch nicht ausgezahlt wurde, dem Eigentümer als Eigentümergrundschuld zu (§§ 1163, 1177 BGB). Gleiches gilt, wenn die zugrundeliegende Forderung erfüllt wurde. Die Übertragung einer Hypothek ist aufgrund der Akzessorietät nur zusammen mit der zugrundeliegenden Forderung möglich und umgekehrt (§ 1153 II BGB).

Im Gegensatz zur Hypothek setzt die Grundschuld keine zugrundeliegende Forderung voraus, sie ist **abstrakt** bzw. fiduziarisch (§ 1192 BGB). Der Grundschuldgläubiger erwirbt das Recht also auch dann, wenn noch keine Forderung besteht oder diese erlischt. Da praktisch auch die Grundschuld i.d.R. zur Forderungsabsicherung dient, beruht die Verbindung zwischen Forderung und Grundschuld auf einer schuldrechtlichen Sicherungsabrede. In dieser verpflichtet sich der Gläubiger, die Grundschuld nur zugunsten einer bestimmten Forderung zu nutzen. Will der Gläubiger die Grundschuld abredenwidrig nutzen, steht dem Grundstückseigentümer die Einrede der ungerechtfertigten Bereicherung nach § 821 BGB zu.

# V. Nutzungsrechte
## 1. Grunddienstbarkeit

Eine Grunddienstbarkeit (§§ 1018 ff. BGB) ist ein Recht auf beschränkte Nutzung eines Grundstücks oder die Beschränkung der Nutzung eines Grundstücks zugunsten eines anderen Grundstücks.

**Beispiele:** Wegerechte oder Bebauungsverbote

Eine Grunddienstbarkeit kommt durch Einigung und Eintragung im Grundbuch zustande (§ 873 BGB) und erlischt durch Aufgabeerklärung und Löschung im Grundbuch (§ 875 BGB). Durch einen Eigentumsübergang eines der beteiligten Grundstücke wird die Dienstbarkeit nicht berührt.

## 2. Nießbrauch

Ein Nießbrauch (§§ 1030 ff. BGB) berechtigt eine Person, die Nutzungen einer Sache oder eines Rechts zu ziehen. Von besonderer Bedeutung ist der Nießbrauch an unbeweglichen Sachen. Ein Nießbrauch an Grundstücken kommt durch Einigung und Eintragung ins Grundbuch zustande (§ 873 BGB). Es ist nicht übertragbar oder vererbbar und endet mit dem Tod des Berechtigten.

## 3. Beschränkt persönliche Dienstbarkeit

Eine beschränkte persönliche Dienstbarkeit (§§ 1090 ff. BGB) berechtigt zur beschränkten Nutzung einer Immobilie.

**Beispiel:** Ein dingliches Wohnrecht.

Die Dienstbarkeit entsteht durch Einigung und Eintragung ins Grundbuch und endet mit dem Tod des Berechtigten. Sie ist nicht übertragbar oder vererblich.

## 4. Erbbaurecht

Das Erbbaurecht ist das Recht, ein Gebäude auf einem fremden Grundstück zu haben (§ 1 ErbbauRG). Dadurch wird für die Dauer des Rechts eine Trennung zwischen Grundstück und Gebäude erreicht, so dass der Grundstückseigentümer nicht nach § 946 BGB Eigentümer des Gebäudes wird. Das Erbbaurecht ist als grundstücksgleiches Recht vererbbar und belastbar. Für das Erbbaurecht wird ein besonderes Grundbuchblatt angelegt (§ 14 ErbbauRG).

# E.     Familienrecht
## I.     Grundlagen

Das Familienrecht wird im 4. Buch des BGB geregelt. Im Familienrecht sind die rechtlichen Beziehungen zwischen **Verwandten**, die **Ehe** sowie das **Vormundschafts- und Betreuungsrecht** geregelt.

Familienrechtliche Beziehungen sind insbesondere bedeutsam für das Unterhalts- und das Erbrecht.

Das BGB geht bei Verwandten von der Blutsverwandtschaft aus. Es wird zwischen Personen unterschieden, die voneinander abstammen (**gerade Linie** der Verwandtschaft § 1589 S. 1 BGB) und Personen, die von derselben Person abstammen (**Seitenlinie** § 1589 S. 2 BGB). Der Grad der Verwandtschaft richtet sich nach der Zahl der „vermittelnden Geburten" (§ 1589 S. 3 BGB).

**Beispiele:**
Mutter und Kind: erster Grad in gerader Linie
Großvater und Enkel: zweiter Grad in gerader Linie
Geschwister: zweiter Grad in der Seitenlinie
Onkel und Nichte: dritter Grad in der Seitenlinie

Geradlinig Verwandte sind einander nach den §§ 1601 ff. BGB zum **Unterhalt** verpflichtet. Voraussetzung ist vor allem die Bedürftigkeit des Unterhaltsberechtigten und die Leistungsfähigkeit des Unterhaltsverpflichteten.

Abweichend von diesen Grundsätzen können verwandtschaftliche Beziehungen auch durch **Adoption** (§ 1754 BGB) begründet werden. Demgegenüber wird das verwandtschaftliche Verhältnis zu den bisherigen Verwandten durch Adoption beendet (§ 1755 BGB).

Von der Verwandtschaft streng zu trennen ist die **Schwägerschaft** (§ 1590 BGB). Als verschwägert mit dem Ehegatten gelten die Verwandten des anderen Ehegatten. Keine Schwägerschaft besteht zwischen den beiderseitigen Verwandten der Ehegatten untereinander. Linie und Grad der Schwägerschaft richten sich nach der sie vermittelnden Verwandtschaft.

**Beispiele:**
Mann und Bruder seiner Frau (Schwager): zweiter Grad in der Seitenlinie
Schwester des Ehemanns und Bruder der Ehefrau: keine Schwägerschaft

Die Schwägerschaft wird durch Auflösung der sie begründenden Ehe nicht beendet.

## II. Kindschaftsverhältnis

Bei den verwandtschaftlichen Beziehungen sind die zwischen Eltern und Kind von besonderer Bedeutung. Dazu ist zunächst zu klären, wer Mutter und Vater des Kindes sind.

Nach § 1591 BGB ist **Mutter eines Kindes** die Frau, die es geboren hat. Diese – zunächst selbstverständlich erscheinende – Regelung wurde 1998[83] ins BGB eingeführt, um den neueren medizinischen Möglichkeiten Rechnung zu tragen. Zwar ist eine „Leihmutterschaft" gesetzlich verboten (§ 1 I EmbrSchG), gleichwohl besteht medizinisch die Möglichkeit, dass ein Kind genetisch nicht von der Frau abstammt, die es austrägt. Der Gesetzgeber hat für diesen Fall festgelegt, dass die Mutterschaft der Frau zuzuordnen ist, die es geboren hat. Für diese Lösung spricht sowohl die emotionale Bindung zwischen Mutter und Kind als auch die einfache Bestimmung der Mutter.

Für die **Vaterschaft** sieht § 1592 BGB drei Varianten vor. Als Vater des Kindes gilt der Mann:

• der zum Zeitpunkt der Geburt mit der Kindesmutter verheiratet ist,
• der die Vaterschaft anerkannt hat oder
• dessen Vaterschaft gerichtlich festgestellt ist.

Vorrangig ist die Vaterschaft des Ehemannes der Mutter nach § 1592 Nr. 1 BGB. Die Vaterschaft durch Anerkennung (§ 1592 Nr. 2 BGB) kommt nicht in Betracht, solange die Vaterschaft eines anderen Mannes besteht, § 1594 II BGB. Voraussetzung ist in diesem Fall die Vaterschaftsanfechtung nach § 1600 I BGB. Gerichtlich festgestellte Vaterschaft (§ 1592 Nr. 3 BGB) kommt nur in Betracht, wenn keine Vaterschaft nach § 1592 Nr. 1, 2 BGB besteht (§ 1600d I BGB).

**Beispiel:**
Die Eheleute Martin und Frauke leben seit über einem Jahr getrennt und haben die Scheidung eingereicht. Frauke lebt seit einiger Zeit mit ihrem Lebensgefährten Ludwig zusammen. Die Ehe von Martin und Frauke wird geschieden. Einen Monat später entbindet Frauke ihren Sohn Knut.
Mutter des Kindes ist nach § 1591 BGB Frauke. Da zum Zeitpunkt der Geburt weder Martin noch Ludwig mit Frauke verheiratet sind, scheidet die Vaterschaft nach § 1592 Nr. 1 BGB aus. Wenn Ludwig mit Zustimmung von Frauke die Vaterschaft anerkennt, ist er Vater des Kindes (§§ 1592 Nr. 2, 1595 I BGB). Erkennen weder Martin noch Ludwig die Vaterschaft an, so erfolgt die gerichtliche Feststellung nach § 1592 Nr. 3 BGB.

---

[83] Kindschaftsreformgesetz vom 16.12.1997, BGBl. I, S. 2942.

Haben die verheirateten Eltern zum Zeitpunkt der Geburt einen gemeinsamen Ehenamen, so erhält das Kind diesen als **Geburtsnamen** (§ 1616 BGB). Führen die Eltern keinen gemeinsamen Namen, so bestimmen sie – sofern sie gemeinsam das Sorgerecht haben – ob das Kind den Namen der Mutter oder des Vaters erhalten soll (§ 1617 I BGB).

Können die Eltern sich nicht einigen, so überträgt das Familiengericht binnen eines Monats einem Elternteil das Bestimmungsrecht (§ 1617 II BGB). Steht die elterliche Sorge nur einem Elternteil zu, so erhält das Kind dessen Namen (§ 1617a I BGB). Bei späterer gemeinsamer Sorge, späterer Bestimmung eines gemeinsamen Ehenamens oder späterer Namensänderung durch Eheschließung kommt eine Namensänderung nach den §§ 1617b, 1617c, 1618 BGB in Betracht.

Den Eltern obliegt die **elterliche Sorge** für minderjährige Kinder, welche die Personensorge und die Vermögenssorge umfasst (§ 1626 BGB). Sorgeberechtigt sind beide Eltern, sofern sie bei Geburt des Kindes verheiratet sind, die Erklärung abgeben, die elterliche Sorge gemeinsam zu übernehmen, später heiraten oder das Familiengericht ihnen die gemeinsame Sorge überträgt (§ 1626a I BGB). Ansonsten hat die Mutter die elterliche Sorge (§ 1626a III BGB).

Die Personensorge beinhaltet die Pflege, Erziehung und Beaufsichtigung des Kindes sowie die Bestimmung des Aufenthalts (§ 1631 BGB). Die Vermögenssorge umfasst die Verwaltung des Kindesvermögens.

Zur elterlichen Sorge gehört auch die Vertretung des Kindes (§ 1629 I S. 1 BGB). Dabei erfolgt die Vertretung gemeinschaftlich, es sei denn, ein Elternteil ist allein sorgeberechtigt (§ 1629 I S. 2, 3 BGB).

**Beispiel:**
Ein 14-jähriger möchte ein Fahrrad kaufen. Er bittet zunächst seine Mutter um Einwilligung, diese lehnt ab. Anschließend fragt er seinen Vater, dieser willigt ein.
Ein danach vom Minderjährigen abgeschlossener Kaufvertrag über das Fahrrad ist nicht nach §§ 106, 107, 1629 I BGB wirksam, da die Vertretung durch die Eltern gemeinschaftlich zu erfolgen hat, die Einwilligung nur eines Elternteils reicht nicht aus.

Das Vertretungsrecht der Eltern umfasst alle Angelegenheiten des Kindes. Für besonders weitreichende Rechtsgeschäfte, z.B. Verfügungen über Grundstücke oder das Vermögen als Ganzes, Verträge zum Erwerb, der Veräußerung oder Beteiligung an einem Erwerbsgeschäft, die Aufnahme von Darlehen und die Ausschlagung von Erbschaften benötigen die Eltern die Genehmigung des Familiengerichts (§§ 1643, 1821, 1822 BGB).

## III.    Ehe
## 1.    Eheschließung

Eine Eheschließung erfolgt durch einen personenrechtlichen Vertrag zwischen zwei Personen verschiedenen oder gleichen Geschlechts[84].

Bestehende eingetragene Lebenspartnerschaft nach dem Lebenspartnerschaftsgesetz (LPartG)[85] können in eine Ehe umgewandelt werden. Ansonsten beiben eingetragene Lebenspartnerschaften nach dem bisherigen Recht bestehen. Neue Lebenspartnerschaften können nicht mehr begründet werden.

Das BGB stellt für das Zustandekommen der Ehe folgende zwingenden Vorschriften auf, die durch nachgiebige Vorschriften ergänzt werden:

* die Eheschließung muss vor einem Standesbeamten erfolgen (§ 1310 BGB, „Zivilehe")
* die erforderlichen Erklärungen (§ 1310 BGB) müssen vor dem Standesbeamten bei gleichzeitiger Anwesenheit persönlich abgegeben werden (§ 1311 S. 1 BGB)
* die Willenserklärungen sind bedingungsfeindlich (§ 1311 S. 2 BGB).

Folgende persönliche Voraussetzungen müssen die Ehegatten erfüllen:

* Ehemündigkeit, d.h. Volljährigkeit (§ 1303 BGB)
* keine Geschäftsunfähigkeit (§ 1304 BGB)
* keine bestehende Ehe oder Lebenspartnerschaft mit einer dritten Person (§ 1306 BGB, Verbot der „Doppelehe").
* keine Verwandtschaft in gerader Linie und keine Geschwister (§ 1307, „Inzestverbot")

Eine bestehende Ehe kann durch Gerichtsurteil aufgehoben werden (§ 1313 BGB), wenn bestimmte Mängel vorliegen:

* bei Verletzung der Vorschriften der §§ 1303 ff. BGB (§ 1314 I BGB)
* bei Bewusstlosigkeit (§ 1314 II Nr. 1 BGB)
* bei Irrtum über den Tatbestand der Eheschließung (§ 1314 II Nr. 2 BGB)
* bei arglistiger Täuschung oder widerrechtlicher Drohung (§ 1314 II Nr. 3, 4 BGB)
* bei einer Scheinehe (§ 1314 II Nr. 5 BGB)

---

[84]  Seit dem 01.08.2018 möglich, Gesetz zur Einführung des Rechts auf Eheschließung für Personen gleichen Geschlechts vom 20.07.2017, BGBl. I, S. 2787.
[85]  Lebenspartnerschaftsgesetz vom 16.02.2001, BGBl. I, S. 266.

## 2.    Allgemeine Wirkungen

Die Eingehung der Ehe bringt für die Ehegatten bestimmte Rechte und Pflichten mit sich, die für jede Ehe gleichermaßen geregelt sind:

- die Verpflichtung zur ehelichen Lebensgemeinschaft § 1353 BGB
- die (fakultative) Führung des Ehenamens § 1355 BGB
  Die Ehegatten sollen einen gemeinsamen Ehenamen bestimmen, der bei der Eheschließung dem Standesbeamten mitgeteilt werden soll, die Festlegung kann innerhalb von fünf Jahren nachgeholt werde. Als Ehename kommen der Geburtsname oder der aktuell geführte Name des Mannes oder der Frau in Betracht. Der Ehegatte, der den anderen Namen annimmt, kann seinen Geburtsnamen voranstellen oder anfügen. Wird kein gemeinsamer Name bestimmt, so führt jeder Ehegatte seinen bisherigen Namen weiter.

**Beispiel:**
Andreas Müller und Heike Schmidt wollen heiraten. Als Namen kommen in Betracht:

- Andreas Müller und Heike Schmidt
- Andreas und Heike Müller
- Andreas und Heike Schmidt
- Andreas Müller und Heike Müller-Schmidt
- Andreas Müller und Heike Schmidt-Müller
- Andreas Schmidt-Müller und Heike Schmidt
- Andreas Müller-Schmidt und Heike Schmidt

- Verpflichtung und Berechtigung beider Ehegatten aus Geschäften im Rahmen der „Schlüsselgewalt" § 1357 BGB
  Geschäfte, die zur Deckung eines angemessenen Lebensunterhaltes der Familie durch einen Ehegatten abgeschlossen werden, verpflichten und berechtigen beide Ehegatten, es sei denn, die Ehegatten leben getrennt.

**Beispiel:**
Für die Zahlung der Miete der ehelichen Wohnung sind nach § 1357 BGB dem Vermieter gegenüber beide Ehegatten verpflichtet.

- Unterhaltspflicht § 1360 BGB
  Die Ehegatten sind gegeneinander zum Unterhalt durch Arbeits- und Vermögensleistung verpflichtet. Der Unterhaltsanspruch umfasst den Aufwand für den Haushalt und die persönlichen Bedürfnisse beider Ehegatten und der unterhaltsberechtigten gemeinsamen Kinder.

- Eigentumsvermutung § 1362 BGB

   Zugunsten der Gläubiger eines Ehegatten gilt die allgemeine (widerlegbare) Vermutung, dass die sich im Besitz eines oder beider Ehegatten befindlichen beweglichen Sachen dem Schuldner gehören. Bei Sachen, die zum persönlichen Gebrauch eines Ehegatten dienen, wird davon ausgegangen, dass sie diesem gehören.

## 3.    Eheliches Güterrecht
## a)    Zugewinngemeinschaft

Das eheliche Güterrecht regelt die vermögensrechtlichen Beziehungen der Ehegatten. Es wird zwischen dem gesetzlichen Güterstand und den vertraglichen Güterständen unterschieden. Die Zugewinngemeinschaft stellt den gesetzlichen **Normalfall** des ehelichen Güterrechts dar, der automatisch immer dann eintritt, wenn die Ehegatten durch Ehevertrag nichts Abweichendes vereinbaren (§ 1363 I BGB).

Der Grundgedanke der Zugewinngemeinschaft beruht darauf, dass jeder Ehegatte Inhaber seines Vermögens, einschließlich des während der Ehe erworbenen Vermögens, bleibt, aber das während der Ehe erworbene Vermögen (= Zugewinn) als von beiden Ehegatten gleichermaßen „erwirtschaftet" gilt und Differenzen bei Beendigung des Güterstandes auszugleichen sind (§ 1363 II BGB).

In der Zugewinngemeinschaft bleibt insofern jeder Ehegatte Verwalter seines Vermögens (§ 1364 BGB), muss hierbei jedoch bestimmte Beschränkungen beachten:

- Verfügungen des Ehegatten über sein Vermögen im Ganzen sind zustimmungsbedürftig (§§ 1365, 1366 BGB).
- Verfügungen des jeweiligen Eigentümers über Haushaltsgegenstände sind ebenfalls zustimmungsbedürftig (§ 1369 BGB).

Bei Beendigung des Güterstandes ist der Zugewinn auszugleichen. Im Falle des Todes eines Ehegatten erfolgt der Zugewinnausgleich i.d.R. pauschal in Höhe von einem Viertel des Erbes (§ 1371 I BGB), wenn der überlebende Ehegatte Erbe bzw. Vermächtnisnehmer ist („erbrechtliche Lösung").

Ist der überlebende Ehegatte kein Erbe bzw. Vermächtnisnehmer, erfolgt der Zugewinnausgleich wie unter Lebenden (§ 1371 II BGB „güterrechtliche Lösung").

Im Falle der Auflösung der Ehe unter Lebenden ist der Zugewinn gemäß §§ 1373 ff. BGB zu bestimmen. Hierbei sind insbesondere folgende Regelungen zu beachten:

- Zugewinn ist die Differenz zwischen End- und Anfangsvermögen
- dem Anfangsvermögen werden Schenkungen und Erbschaften hinzugerechnet
- Anfangs- und Endvermögen sind zum Stichtag in Verkehrswerten zu bewerten
- Bewertungsstichtag des Anfangsvermögens ist der Eintritt in den Güterstand
- Bewertungsstichtag des Endvermögens ist der Zeitpunkt der Beendigung des Güterstandes, bei Scheidung Rechtshängigkeit des Scheidungsantrages.

Die Hälfte des übersteigenden Zugewinns des Ehegatten mit dem höheren Zugewinn ist auszugleichen.

**Beispiel:**

| Anfangsvermögen M | 20.000 € | Anfangsvermögen F | 10.000 € |
|---|---|---|---|
| Erbschaft | 50.000 € | Schenkung | 20.000 € |
| bereinigtes Anfangsvermögen M | 70.000 € | bereinigtes Anfangsvermögen F | 30.000 € |
| Endvermögen M | 100.000 € | Endvermögen F | 100.000 € |
| Zugewinn M | 30.000 € | Zugewinn F | 70.000 € |

M hat einen Anspruch auf Zugewinnausgleich in Höhe von 20.000 €.

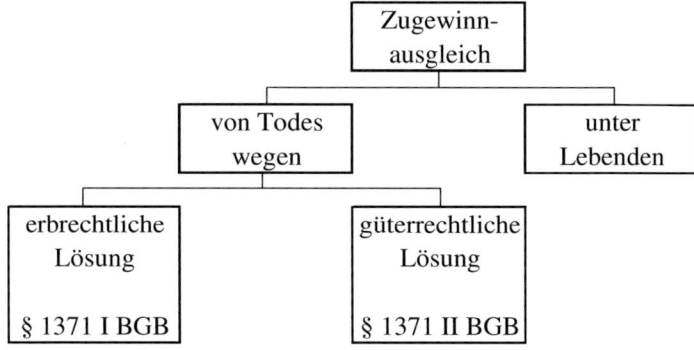

## b) Vertragliche Güterstände

Statt dem gesetzlichen Güterstand können die Ehegatten die güterrechtlichen Verhältnisse auch per Vertrag regeln (§ 1408 BGB). Ein solcher Ehevertrag kann sowohl bei Eheschließung als auch zu einem späteren Zeitpunkt abgeschlossen werden. Der Ehevertrag bedarf **notarieller Beurkundung** (§ 1410 BGB). Gegenüber Dritten können Einwendungen aus vertraglichen Güterrechtsvereinbarungen nur bei Kenntnis des Dritten oder Eintragung im Güterrechtsregister geltend gemacht werden (§ 1412 BGB).

Vertraglich kann **Gütertrennung** vereinbart werden. Gütertrennung ist auch anzunehmen, wenn der gesetzliche Güterstand oder der Zugewinnausgleich ausgeschlossen oder die Gütergemeinschaft aufgehoben wird (§ 1414 BGB). Bei Gütertrennung bleibt jeder Ehegatte Inhaber und Verwalter seines Vermögens, einschließlich des während der Ehe erworbenen. Es bestehen keine sich aus der Ehe ergebenden Verfügungsbeschränkungen. Vermögenszugewinne sind bei Beendigung der Ehe nicht auszugleichen.

Neben der Gütertrennung kommt als vertraglicher Güterstand die **Gütergemeinschaft** in Betracht. Bei Gütergemeinschaft werden die den Ehegatten zunächst einzeln zuzurechnenden Vermögen zu einem gemeinschaftlichen Vermögen („Gesamtgut"), welches als Gesamthandsvermögen zu behandeln ist.

Dem Gesamtgut ist auch das gesamte, während der Ehe erworbene Vermögen zuzurechnen (§§ 1416, 1419 BGB).

Nicht zum Gesamtgut gehören Vermögenswerte, die durch Rechtsgeschäft nicht übertragen werden können („Sondergut"), z.B. eine persönliche Dienstbarkeit (§ 1417 BGB). Ebenfalls nicht zum Gesamtgut gehören Gegenstände, die per Ehevertrag vom Gesamtgut ausgenommen sind oder die ein Ehegatte durch Erbschaft oder Schenkung erwirbt („Vorbehaltsgut", § 1418 BGB).

Die Vermögensverwaltung des Gesamtguts erfolgt gemeinschaftlich, kann aber auch per Vertrag einem der Ehegatten übertragen werden (§ 1421 BGB).

Im Gegensatz zu den anderen Güterständen haftet bei Gütergemeinschaft das Gesamtgut grundsätzlich auch für Verbindlichkeiten eines einzelnen Ehegatten (§§ 1437, 1459 BGB).

Die Gütergemeinschaft kann durch Ehevertrag oder Gerichtsurteil beendet werden (§§ 1449, 1470 BGB). Des Weiteren wird sie durch Tod eines Ehegatten beendet, sofern nicht eine fortgesetzte Gütergemeinschaft vorgesehen ist (§§ 1483 ff. BGB).

# 4.     Ehescheidung

Eine Ehe kann durch Urteil des Familiengerichtes geschieden werden, wenn einer oder beide Ehegatten die Scheidung beantragen und die Ehe gescheitert ist („Zerrüttungsprinzip", §§ 1564, 1565 BGB). Die Ehe gilt als zerrüttet wenn:

- beide Ehegatten der Scheidung zustimmen und ein Jahr getrennt leben (§ 1566 I BGB) oder
- wenn die Ehegatten seit drei Jahren getrennt leben (§ 1566 II BGB).

Trotz Zerrüttung ist die Ehe nicht zu scheiden, wenn die Scheidung für gemeinsame minderjährige Kinder oder den die Scheidung ablehnenden Ehegatten eine unzumutbare Härte darstellen würde (§ 1568 BGB).

Aus der Ehescheidung ergeben sich verschiedene Rechtsfolgen:

- Unterhalt des geschiedenen Ehegatten
  Der geschiedene Ehegatte hat dann Anspruch auf Unterhalt, wenn er nicht für den eigenen Unterhalt sorgen kann (§ 1569 S. 2 BGB).
  Reichen die Einkünfte aus einer Erwerbstätigkeit nicht aus, so entsteht ein Differenzanspruch (§ 1573 II BGB). Kann sich der Berechtigte selbst unterhalten, so entfällt der Unterhaltsanspruch (§ 1577 BGB).
  Bei der Bemessung des Unterhalts ist von den Einkommensverhältnissen auszugehen, welche die Ehegatten zum Zeitpunkt der Scheidung hatten (§ 1578 BGB). Die Gerichte orientieren sich bei der Bemessung der Unterhaltsansprüche i.d.R. an der „Düsseldorfer Tabelle"[86].

- Versorgungsausgleich
  Soweit bei den geschiedenen Ehegatten Ansprüche auf Vorsorge wegen Alters, Berufs- und Erwerbsunfähigkeit erworben wurden und sich diese während der Ehe erworbenen Ansprüche wertmäßig unterscheiden, findet ein Versorgungsausgleich nach Maßgabe des Versorgungsausgleichsgesetzes statt (§ 1587 BGB).

- Zugewinnausgleich bei der Zugewinngemeinschaft

- Regelungen zu Hausrat und Ehewohnung
  Sofern bezüglich Hausrat und Ehewohnung keine einvernehmliche Einigung zwischen den Ehegatten erzielt wird, erfolgt ein richterliches Verteilungsverfahren (§§ 1568a, 1568b BGB).

---

[86] Vgl. http://www.olg-duesseldorf.nrw.de/infos/Duesseldorfer_Tabelle/index.php.

## IV.    Vormundschaft, Betreuung und Pflegschaft
## 1.    Vormundschaft

Die Vormundschaft ist ein rechtliches Instrument, welches die fehlende elterliche Sorge ersetzt (§ 1773 BGB). Sie kommt in Betracht, wenn die Eltern eines Minderjährigen verstorben sind oder ihnen das Sorgerecht entzogen wurde.

Im Bedarfsfall hat das Familiengericht die Vormundschaft von Amts wegen anzuordnen (§ 1774 BGB). Sorgeberechtigte Eltern können für den Fall ihres Todes bestimmen, wer Vormund werden soll (§§ 1776, 1777 BGB). Wurde durch die Eltern kein Vormund benannt, hat das Familiengericht gemäß § 1779 BGB nach Anhörung des Jugendamtes einen Vormund zu bestimmen.

Dem Vormund obliegt die Personen- und Vermögenssorge des Mündels (§ 1793 I S. 1 BGB). Die Personensorge entspricht der von Eltern (§ 1800 BGB), während die Vermögenssorge weitergehenden Beschränkungen unterliegt (§§ 1802 ff. BGB).


## 2.    Betreuung

Seit 1992[87] ist die früher mögliche Vormundschaft über Volljährige durch die Betreuung ersetzt worden. Die rechtliche Betreuung wird angeordnet, wenn ein Volljähriger auf Grund von Krankheit oder Behinderung ganz oder teilweise nicht in der Lage ist, seine Angelegenheiten zu besorgen.

Die Betreuung wird auf Antrag des Betroffenen oder von Amts wegen bestellt (§ 1896 I BGB). Die Anordnung der Betreuung darf nur im erforderlichen Maße bestellt werden (§ 1896 II BGB).

Als Betreuer ist grundsätzlich eine geeignete natürliche Person zu bestellen (§ 1897 I BGB), wobei nach Möglichkeit dem Vorschlag des Betreuten zu folgen ist (§ 1897 IV BGB). Nur im Bedarfsfall ist ein Betreuungsverein oder eine Behörde als Betreuer zu bestellen (§ 1900 I, IV BGB).

Der Betreuer übernimmt im Rahmen seiner Aufgaben die gesetzliche Vertretung des Betreuten (§ 1902 BGB). Das Betreuungsgericht kann anordnen, dass der Betreute zu Willenserklärungen im Aufgabenbereich des Betreuers dessen Einwilligung bedarf (§ 1903 I BGB). Im Übrigen bleibt der Betreute geschäftsfähig.

---

[87] Betreuungsgesetz vom 12.09.1990, BGBl. I, S. 2002.

# 3. Pflegschaft

Die Pflegschaft dient der Fürsorge von Personen, die ihre eigenen Angelegenheiten nicht wahrnehmen können. Sie entspricht nach § 1915 BGB der Vormundschaft, ist jedoch auf einzelne Angelegenheiten beschränkt. Der gerichtlich bestellte Pfleger ist in dem Bereich, für den er bestellt wurde gesetzlicher Vertreter des Betroffenen.

Das Gesetz regelt verschiedene Fälle der Pflegschaft, insbesondere:
- die Ergänzungspflegschaft für Minderjährige (§ 1909 BGB)
- die Abwesenheitspflegschaft für Personen mit unbekanntem Aufenthalt (§ 1911 BGB)
- die Pflegschaft für ein bereits gezeugtes, aber noch ungeborenes Kind (§ 1912 BGB)
- die Pflegschaft für unbekannte Beteiligte (§ 1913 BGB)
- die Nachlasspflegschaft für unbekannte Erben (§§ 1960, 1961 BGB).

# F.    Erbrecht
## I.    Grundlagen

Das Erbrecht ist im 5. Buch des BGB in den §§ 1922 ff. geregelt. Das Erbrecht regelt Fragen der Rechtsnachfolge beim Tod einer Person.

Ein **Erbfall** liegt beim **Tod einer natürlichen Person** (=**Erblasser**) vor (§ 1922 I BGB). Mit dem Erbfall geht das Vermögen des Erblassers als Ganzes, d.h. alle Vermögenswerte, Forderungen und Verbindlichkeiten, kraft Gesetz auf den oder die Erben über (§ 1922 I BGB). Ausgenommen sind lediglich höchstpersönliche Rechte und Pflichten, z.B. ein Dienstvertrag (§ 613 BGB).

**Erbe** kann nur werden, wer **erbfähig** ist. Erbfähig ist zunächst, wer rechtsfähig ist, also natürliche und juristische Personen. Für natürliche Personen ist die Erbfähigkeit auf noch nicht geborene, aber bereits gezeugte erweitert (§ 1923 II BGB). Die Erbfähigkeit besteht jedoch nur, wenn die Rechtsfähigkeit eintritt, d.h. das Kind lebend geboren wird.

Die Nachlassverteilung kann sich aus dem **Willen des Erblassers** oder aus der **gesetzlichen Erbfolge** ergeben. Liegt ein wirksames Testament oder ein wirksamer Erbvertrag vor, so hat die gewillkürte Erbfolge Vorrang vor der gesetzlichen Erbfolge. Allerdings können Pflichtteilsberechtigte in diesem Fall ggf. einen Rechtsanspruch gegenüber den Erben geltend machen.

Gesetzliche Erben können die Verwandten des Erblassers, dessen Ehegatte und der Fiskus sein.

Einen Überblick über die Nachlassverteilung gibt die Abbildung auf der folgenden Seite.

Erben mehrere Personen, so wird der Nachlass **gemeinschaftliches Vermögen der Erbengemeinschaft** (§ 2032 BGB). Jeder Miterbe kann damit zwar über seinen Anteil am Nachlass, nicht jedoch über einzelne Vermögensgegenstände verfügen (§ 2033 BGB).

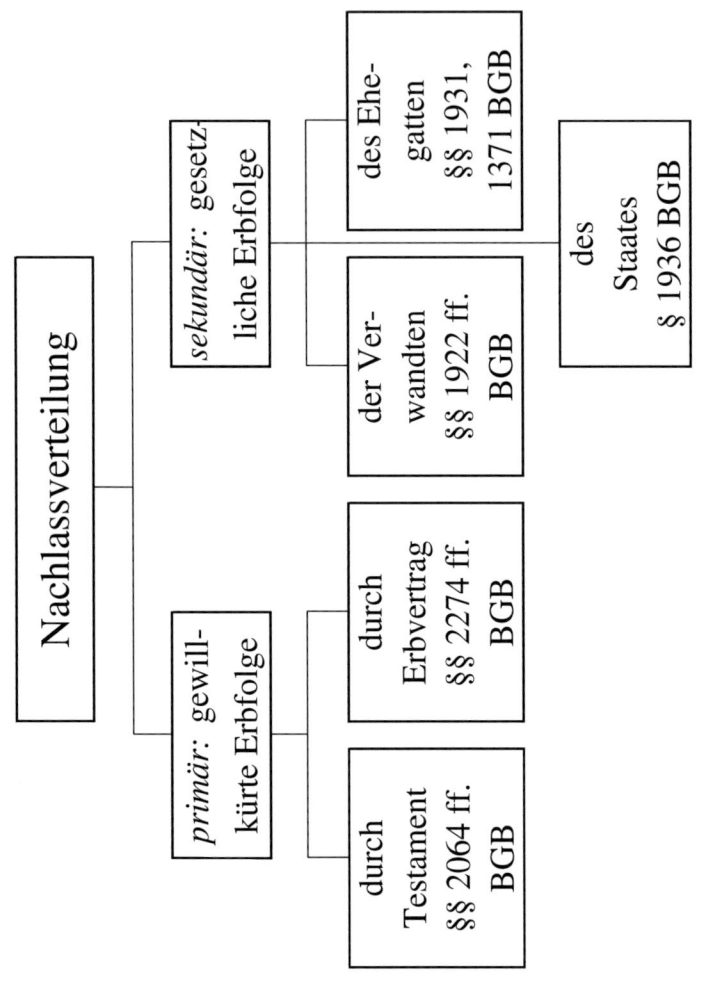

## II.    Gesetzliche Erbfolge
## 1.    Erbordnungen

Existiert kein Testament und kein Erbvertrag des Erblassers, so kommt die **gesetzliche Erbfolge** zur Anwendung. Diese folgt zunächst dem Stammbaumprinzip. Die Verwandten des Erblassers werden hierzu in verschiedene **Ordnungen** eingeteilt, wobei ein Verwandter einer höheren Ordnung nicht erbt, solange mindestens ein Verwandter einer günstigeren Ordnung lebt (§ 1930 BGB). Die „Stämme" einer Erbordnung erben zu gleichen Teilen. Innerhalb einer Ordnung erben Kinder oder Kindeskinder erst dann, wenn einer der Elternteile nicht mehr lebt oder das Erbe ausschlägt.

- Erben erster Ordnung (§ 1924 BGB)
  Erben erster Ordnung sind die Abkömmlinge (= Kinder und Kindeskinder) des Erblassers. Kinder erben zu gleichen Teilen. Lebt ein Kind des Erblassers nicht mehr, so geht dessen Erbteil zu gleichen Teilen auf dessen Kinder über.

- Erben zweiter Ordnung (§ 1925 BGB)
  Erben zweiter Ordnung sind die Eltern des Erblassers sowie deren Abkömmlinge. Leben beide Eltern, so erben sie je zur Hälfte, der Erbanteil eines verstorbenen Elternteils geht auf dessen Abkömmlinge über.

- Erben dritter Ordnung (§ 1926 BGB)
  Erben dritter Ordnung sind die Großeltern des Erblassers sowie deren Abkömmlinge. Leben noch alle Großeltern, so erben sie allein und zu gleichen Teilen. Lebt ein Großvater bzw. eine Großmutter nicht mehr, so erben dessen Abkömmlinge dessen Anteil.

- Erben vierter Ordnung (§ 1928 BGB)
  Erben vierter Ordnung sind die Urgroßeltern des Erblassers sowie deren Abkömmlinge. Leben noch Urgroßeltern, so erben sie allein und zu gleichen Teilen. Leben keine Urgroßeltern mehr, so erbt von den Abkömmlingen derjenige, der mit dem Erblasser am nächsten verwandt ist.

- Erben fernerer Ordnung (§ 1929 BGB)
  Erben der fünften und ferneren Ordnung sind die entfernteren Voreltern des Erblassers sowie deren Abkömmlinge. Die Vorschriften über die Erben der vierten Ordnung sind auf diese sinngemäß anzuwenden.

- Erbrecht des Fiskus (§ 1936 BGB)
  Leben keine Verwandten oder Ehegatten des Erblassers, so erbt das Bundesland.

Diese Regelungen sollen anhand einiger Beispiele verdeutlicht werden.

**Beispiel 1:** Erben der ersten Erbordnung

Erblasser Anton (A), dessen Ehegattin bereits verstorben ist, hinterlässt die drei Kinder K1, K2 und K3 sowie die Enkel E1, E2 und E3. K2 ist bereits vor A verstorben.

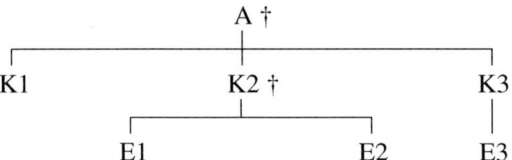

Da Erben der ersten Erbordnung leben, scheiden alle höheren Erbordnungen aus der Erbfolge aus (§ 1930 BGB). Die drei Kinder erben grundsätzlich zu gleichen Teilen (§ 1924 IV BGB). An Stelle des nicht mehr lebenden K2 erben E1 und E2 zu gleichen Teilen (§ 1924 III, IV BGB). E3 wird durch K3 von der Erbfolge ausgeschlossen (§ 1924 II BGB).

Somit erben K1 und K3 je 1/3, E1 und E2 je 1/6.

**Beispiel 2:** Erben der zweiten Erbordnung

Erblasserin Antonia (A) verstarb unverheiratet und kinderlos. Ihr Vater (V) ist bereits verstorben. Sie hat einen Bruder (B) und eine Schwester (S) die ihrerseits Kinder, die Nichten bzw. Neffen N1, N2 und N3 haben. Die Schwester (S) ist bereits vor E verstorben.

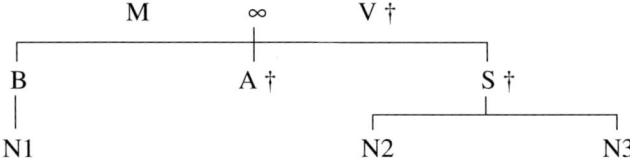

Es leben keine Erben der ersten Erbordnung, so dass die zweite Erbordnung erbt. Die Mutter lebt noch und erbt somit 1/2 (1925 II BGB). An Stelle des verstorbenen Vaters erben der Bruder und die Kinder der ebenfalls verstorbenen Schwester (§§ 1925 III, 1924 III, IV BGB).

Damit erben M 1/2, B 1/4, N2 und N3 je 1/8.

**Beispiel 3:** Erben der dritten Erbordnung

Der kinderlose, unverheiratete Erblasser Anton hat keine Geschwister, seine Eltern sind ebenfalls bereits verstorben.
Von seinen Großeltern lebt noch eine Großmutter mütterlicherseits (GM1). Kinder seiner Großeltern mütterlicherseits sind sein Onkel (O1) und seine Tante (T). Deren Kinder sind Cousin bzw. Cousine des Erblassers C1, C2 und C3. Der Onkel (O2) väterlicherseits ist bereits verstorben, sein Kind ist der Cousin (C4) des Erblassers.

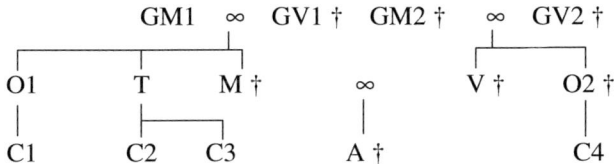

Da keine Erben der ersten und zweiten Erbordnung leben, erbt die dritte Erbordnung. Die lebende Großmutter GM1 erbt 1/4 (§ 1926 II BGB). Den Anteil des verstorbenen Großvaters GV1 erben dessen Kinder O1 und T je zur Hälfte, also je 1/8 (§§ 1926 III, V, 1924 III, IV BGB). Der Erbteil der Großeltern GM2 und GV2 fällt an C4, der somit 1/2 erbt (§§ 1926 III, V, 1924 III BGB).

GM1 erbt somit 1/4, O1 1/8, T 1/8 und C4 1/2.

## 2.    Ehegattenerbrecht

Neben den Verwandten ist der Ehegatte zur gesetzlichen Erbfolge nach Maßgabe der §§ 1931 ff. BGB berufen. Nach § 1931 BGB richtet sich der Erbteil des überlebenden Ehegatten nach dem Güterstand und der Ordnung der lebenden Verwandten. Im Fall der Zugewinngemeinschaft erhöht sich der Erbteil nach § 1371 I BGB um ein Viertel.

| Erbteil des Ehegatten | | | |
|---|---|---|---|
| neben Verwandten | bei Gütertrennung | bei Zugewinn- gemeinschaft | bei Güterge- meinschaft |
| der ersten Ordnung | ½ bei einem, ⅓ bei zwei und ¼ bei mehr als zwei Kindern | ¼ + ¼ Zuge- winnausgleich | ¼ |
| der zweiten Ordnung | ½ | ½ + ¼ Zuge- winnausgleich | ½ |
| der dritten Ordnung | ½ + Anteile der verstorbenen Groß- eltern | ½ + ¼ Zuge- winnausgleich + Anteile der ver- storbenen Groß- eltern | ½ + Anteile der verstorbenen Großeltern |
| der vierten und höherer Ordnung | alles | alles | alles |

Neben den Verwandten der zweiten oder höheren Ordnung steht dem Ehegatten nach § 1932 BGB der „Voraus", d.h. die zum ehelichen Haushalt gehörenden Gegenstände, zu.

Das Ehegattenerbrecht soll nunmehr anhand der im vorherigen Kapitel (F. II. 1.) betrachteten Beispiele erläutert werden. Dabei wird von den dort betrachteten Verwandtschaftsverhältnissen unter der Annahme ausgegangen, dass der Erblasser im gesetzlichen Güterstand verheiratet war und der Ehegatte noch lebt.

**Beispiel 1:** Erben der ersten Erbordnung und Ehegatte

Erblasser Anton (A), hinterlässt die Ehegattin (EG) und die drei Kinder K1, K2 und K3 sowie die Enkel E1, E2 und E3. K2 ist bereits vor A verstorben.

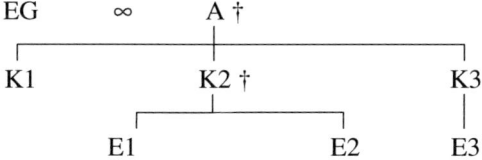

Neben den Verwandten der ersten Erbordnung erbt der Ehegatte 1/2 (1/4 und 1/4 Zugewinnausgleich, §§ 1931 I, 1371 I BGB). Die restliche Hälfte erben die Verwandten nach § 1924 BGB.

EG erbt 1/2, K1 und K3 erben je 1/3 sowie E1 und E2 je 1/6.

**Beispiel 2:** Erben der zweiten Erbordnung und Ehegatte

Erblasserin Antonia (A) verstarb kinderlos und hinterließ ihren Ehegatten (EG). Ihr Vater (V) ist bereits verstorben. Sie hat einen Bruder (B) und eine Schwester (S) die ihrerseits Kinder, die Nichten bzw. Neffen N1, N2 und N3 haben. Die Schwester (S) ist bereits vor E verstorben.

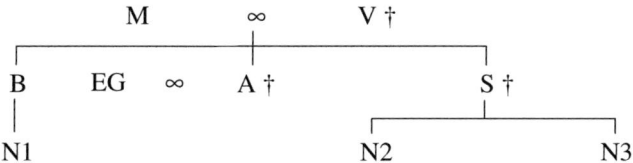

Neben den Verwandten der zweiten Erbordnung erbt der Ehegatte 3/4 (2/4 und 1/4 Zugewinnausgleich, §§ 1931 I, 1371 I BGB). Das verbleibende Viertel erben die Verwandten nach den §§ 1924, 1925 BGB.

Damit erben EG 3/4, M 1/8, B 1/16, N2 und N3 je 1/32.

**Beispiel 3:** Erben der dritten Erbordnung

Der kinderlose, mit Ehegattin EG verheiratete Erblasser Anton (A) hat keine Geschwister, seine Eltern sind ebenfalls bereits verstorben.
Von seinen Großeltern lebt noch eine Großmutter mütterlicherseits (GM1). Kinder seiner Großeltern mütterlicherseits sind sein Onkel (O1) und seine Tante (T). Deren Kinder sind Cousin bzw. Cousine des Erblassers C1, C2 und C3. Der Onkel (O2) väterlicherseits ist bereits verstorben, sein Kind ist der Cousin (C4) des Erblassers.

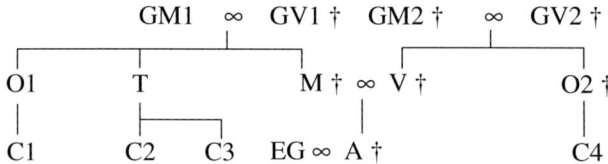

EG erbt nach §§ 1931 I, 1371 I BGB 3/4 und die Anteile der verstorbenen Großeltern (3/16), also insgesamt 15/16 und GM1 1/16.

Das Erbrecht der eingetragenen Lebenspartnerschaft entspricht gemäß § 10 LPartG im Wesentlichen dem Ehegattenerbrecht.

# III.    Gewillkürte Erbfolge
## 1.    Testament

Will der Erblasser von der gesetzlichen Erbfolge abweichen, so muss er seinen letzten Willen in Form eines **Testaments** oder eines **Erbvertrags** festlegen. Die Möglichkeit der Festlegung der Erbfolge durch Testament ergibt sich aus § 1937 BGB. § 2064 BGB legt fest, dass das Testament nur durch den Erblasser selbst errichtet werden kann. Voraussetzung für die Errichtung ist zunächst die **Testierfähigkeit**. Die Testierfähigkeit beginnt mit Vollendung des 16. Lebensjahres (§ 2229 BGB). Allerdings kann ein testierfähiger Minderjähriger nur ein öffentliches Testament errichten.

Das BGB kennt verschiedene Arten eines Testaments:

- Öffentliches Testament (§ 2232 BGB)
  Der Erblasser kann sein Testament gegenüber einem Notar durch mündliche Erklärung, offene Schrift oder verschlossene Schrift abgeben. Das öffentliche Testament wird von Amts wegen verwahrt.

- Eigenhändiges Testament (§ 2247 BGB)
  Ein Testament kann durch **eigenhändig** ge- und unterschriebene Urkunde errichtet werden.
  Sinnvoll (aber nicht zwingend) ist die Angabe von Ort und Datum der Niederschrift.

- Nottestamente (§§ 2249 ff. BGB)
  Als Nottestamente kommen in Betracht:
  - das Bürgermeistertestament
  - das Dreizeugentestament

- Seetestament (§ 2251 BGB)

- Gemeinschaftliches Testament (§§ 2265 ff. BGB)
  Nach § 2265 BGB können Ehegatten ein gemeinschaftliches Testament errichten. Die Errichtung kann als eigenhändiges, öffentliches oder Nottestament errichtet werden.
  Eine Sonderform des gemeinschaftlichen Testaments ist das sog. „Berliner Testament", in dem sich die Ehegatten wechselseitig als Alleinerben und eine (oder mehrere) Person(en) als Erbe des Überlebenden einsetzen (§ 2269 BGB).

Grundsätzlich kann jedes Testament widerrufen werden (§§ 2253 ff. BGB). Beim eigenhändigen Testament kann dies insbesondere durch ein neues Testament, beim öffentlichen durch Rücknahme aus der Verwahrung erfolgen. Eine Besonderheit gilt für die Not- und Seetestamente: diese verlieren automatisch ihre Gültigkeit, wenn der Erblasser drei Monate nach der Errichtung noch lebt (§ 2252 I BGB).

In seinem Testament kann der Erblasser verschiedene Verfügungen treffen:

• Erbeinsetzung § 1937 BGB i.V.m. §§ 2087 ff. BGB

• Enterbung § 1938 BGB

• Vermächtnis § 1939 BGB i.V.m. §§ 2147 ff. BGB
Ein Vermächtnis bedeutet, dass einer Person ein Vermögensvorteil oder ein Gegenstand zugewendet wird, ohne dass der Vermächtnisempfänger Erbe wird. Der Vermächtnisempfänger erhält somit einen schuldrechtlichen Anspruch gegen den (oder die) Erben bzw. einen anderen Vermächtnisempfänger.

• Auflage § 1940 BGB i.V.m. §§ 2192 ff. BGB

• Testamentsvollstrecker §§ 2197 ff. BGB


## 2. Erbvertrag

In einem Erbvertrag werden wie in einem Testament Verfügungen für den Todesfall des Erblassers getroffen.

Der wesentliche Unterschied besteht darin, dass der Erbvertrag ein **mehrseitiges Rechtsgeschäft** ist, welches durch den Erblasser nicht einseitig widerrufen werden kann. Ein Erbvertrag bedarf der notariellen Beurkundung (§ 2276 BGB).


## 3. Pflichtteil

Grundsätzlich hat der Erblasser Testierfreiheit, d.h. er kann abweichend von der gesetzlichen Erbfolge eine beliebige gewillkürte Erbfolge festlegen, diese Freiheit hat ihre inhaltlichen Grenzen jedoch im Pflichtteilsrecht nach §§ 2303 ff. BGB. Nach dem Pflichtteilsrecht können bestimmte, dem Erblasser sehr nah stehende Personen ihren **Pflichtteil** als **schuldrechtlichen Anspruch gegenüber dem oder den Erben** geltend machen.

**Pflichtteilsberechtigt** sind:
- die Abkömmlinge des Erblassers
- der Ehegatte des Erblassers
- die Eltern des Erblassers.

Voraussetzung für die Geltendmachung des Pflichtteils ist, dass die betreffende Person nach der gesetzlichen Erbfolge erben würde. Die Höhe des Pflichtteils beträgt die Hälfte des Wertes des gesetzlichen Erbteils. Ein Entzug des Pflichtteils kommt nur ausdrücklich per Testament in den in § 2333 BGB genannten Fällen in Betracht.

## IV.    Annahme und Ausschlagung der Erbschaft

Mit dem Tod des Erblassers werden die Erben per Verfügung von Todes wegen oder per gesetzlicher Erbfolge Rechtsnachfolger des Erblassers, ohne dass hierzu eine gesonderte Willenserklärung erforderlich ist. Dies gilt sowohl für die Vermögenswerte als auch für die Schulden des Erblassers (§§ 1922, 1942, 1967 BGB).

Da jedoch keiner zum Erben gezwungen werden kann, hat der Erbe ein Gestaltungsrecht. Innerhalb einer Frist von **sechs Wochen** nach bekannt werden des Erbfalls und der Berufung als Erbe kann die **Ausschlagung** gegenüber dem Nachlassgericht erklärt werden (§§ 1943, 1944 BGB). Dies hat zur Folge, dass die Erbschaft den übrigen Miterben zukommt oder auf die nächste zur Erbschaft berufene Person fällt.

Der Staat als letzter gesetzlicher Erbe hat kein Recht zur Ausschlagung (§ 1942 II BGB).

Umgekehrt hat der Erbe auch das Recht, vor Ablauf der Ausschlagungsfrist die Erbschaft anzunehmen. Damit geht allerdings sein Recht auf Ausschlagung der Erbschaft unter (§ 1943 BGB).

# V.  Haftung für Nachlassverbindlichkeiten

Nach Übergang der Erbschaft (d.h. nach Annahme bzw. Verstreichen der Ausschlagungsfrist) muss der Erbe auch für die Nachlassverbindlichkeiten in voller Höhe einstehen (§ 1967 BGB). Zu den **Nachlassverbindlichkeiten** gehören

- Schulden, die zu Lebzeiten des Erblassers entstanden sind (**Erblasserschulden**)
- durch den Erbfall begründete Forderungen gegen den Erben (**Erbfallschulden**).

Erbfallschulden können insbesondere sein:
- Beerdigungskosten (§ 1968 BGB)
- Ansprüche aus Vermächtnissen
- Pflichtteilsansprüche
- Ansprüche auf Zugewinnausgleich (§ 1371 BGB)

Allerdings sind die drei letztgenannten Ansprüche vom Bestand des Nachlasses nach Abzug der Erblasserschulden abhängig und fallen insofern bei Überschuldung des Nachlasses weg.

In den ersten drei Monaten nach Annahme der Erbschaft steht dem Erben ein Leistungsverweigerungsrecht (**Dreimonatseinrede**, § 2014 BGB) zu. Weiterhin kann der Erbe ein **Aufgebotsverfahren** gemäß §§ 1970 ff. BGB zur Feststellung der Nachlassgläubiger beantragen. In diesem Fall steht ihm bis zur Beendigung des Verfahrens ebenfalls ein Leistungsverweigerungsrecht (**Einrede des Aufgebotsverfahrens**, § 2015 BGB) zu.

Weiterhin hat der Erbe die Möglichkeit, die Haftung für die Nachlassverbindlichkeiten auf den Bestand des Nachlasses zu beschränken (§§ 1975 ff. BGB). Dies kann durch

- **Nachlassverwaltung** (§§ 1981 BGB)
- **Nachlassinsolvenz** (§ 1980 i.V.m. §§ 315 ff. InsO) erfolgen.

Die Nachlassverwaltung bzw. die Nachlassinsolvenz können mangels Masse abgelehnt bzw. eingestellt werden, wenn der Nachlass die Kosten des Verfahrens nicht deckt. In diesem Fall kann der Erbe eine über den Bestand des Nachlasses hinausgehende Befriedigung der Gläubiger verweigern (**Einrede der Dürftigkeit des Nachlasses**, § 1990 BGB).

# G. Fallbearbeitung
## I. Grundlagen
### 1. Problemstellung

Zur erfolgreichen Lösung von klausurrelevanten Fällen reicht es nicht aus, Kenntnisse über den Inhalt der einzelnen Rechtssätze und den Aufbau des Rechtssystems zu haben, sondern auch die Technik der Fallbearbeitung und des Aufbaus der Lösung müssen beherrscht werden. Bei der Fallbearbeitung geht es darum, einen (fiktiven) Lebenssachverhalt juristisch zu beurteilen. Dies sollte in folgenden Schritten erfolgen:

1. Schritt: Erfassung des Sachverhalts und der Fallfrage
2. Schritt: Lösungsaufbau festlegen (Gliederung)
3. Schritt: Formulieren der Lösung

Nachfolgend soll die Vorgehensweise bei den einzelnen Arbeitsschritten näher betrachtet werden.

## 2. Erfassung des Sachverhalts

Grundlage jeder Lösung eines Falls ist die **vollständige** und **richtige Erfassung** des **Sachverhalts**. Zunächst ist der Falltext genau zu lesen. Jedes Wort in einem Klausursachverhalt kann eine juristische Bedeutung haben, muss es aber nicht. Ist z.B. in einem Sachverhalt vom „Hauptschüler H." die Rede, so handelt es sich um einen gemäß § 106 BGB beschränkt Geschäftsfähigen.

Der Bearbeiter muss erfassen, was von ihm erwartet wird. Dazu ist insbesondere der Bearbeitervermerk genau zu erfassen, d.h. was soll eigentlich herausgearbeitet werden? Wenn Fragen beantwortet werden, die gar nicht gestellt werden, bringt das keine Punkte.

Bei der Sachverhaltserfassung müssen folgende **Fehler** unbedingt vermieden werden:

• Übertragung einer bekannten Lösung auf einen unbekannten Fall
  Da jeder Sachverhalt eigenständige Probleme beinhaltet, erfordert er auch eine eigenständige Lösung. Bereits geringfügige Änderungen im Sachverhalt können zu einer völlig anderen Lösung führen.

- Fehlinterpretation des Sachverhalts

  Bei der Fallbearbeitung ist davon auszugehen, dass die angegebenen Informationen vollständig sind, also ausreichen, um den Sachverhalt im Sinne der Fallfrage vollständig beurteilen zu können. Lesen Sie keine Dinge in den Sachverhalt „hinein", die sich nicht eindeutig oder zumindest nach lebensnaher Betrachtung (s. Bsp. oben) aus dem Wortlaut ergeben („Sachverhaltsquetsche").

- Sachverhaltskritik

  Der vorgegebene Sachverhalt ist, auch wenn er lebensfremd erscheinen mag, als wahr hinzunehmen. Weiterhin ist davon auszugehen, dass der geschilderte Sachverhalt unstreitig ist, sofern der Sachverhalt nicht ausdrücklich etwas anderes aussagt. Wenn z.B. in einem Sachverhalt angegeben wird, dass A sich gegenüber B telefonisch verbürgt hat, wäre es falsch, die Frage nach der Wirksamkeit der Bürgschaft mit Hinweis darauf zu verneinen, dass B das Telefongespräch (möglicherweise) nicht beweisen kann.

Bei umfangreicheren Sachverhalten, insbesondere wenn mehrere Personen beteiligt sind, sollte man sich den Sachverhalt z.B. mithilfe einer **Skizze** verdeutlichen.

**Beispiel:** A leiht dem B sein Fahrrad. B verkauft und übergibt dieses später an C.

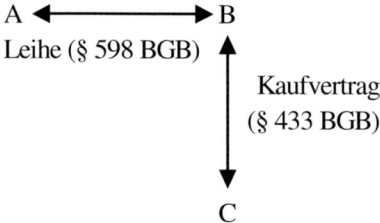

Sind in einem Sachverhalt viele Zeitangaben enthalten, bietet sich die Darstellung in einem **Zeitstrahl** an.

**Beispiel:** V lässt am 1.2. eine Annonce veröffentlichen, in der er seinen gebrauchten Pkw zum Verkauf anbietet. K schickt am 2.2. einen Brief ab, in dem er erklärt, er wolle den Pkw des V zu den angegebenen Bedingungen kaufen. Das Schreiben wird dem V am 5.2. von der Post in den Hausbriefkasten eingeworfen ....

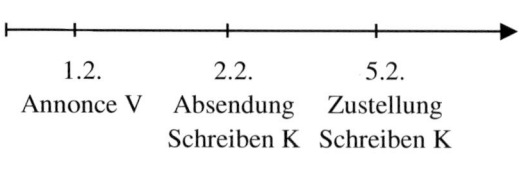

Am Ende der Sachverhaltserfassung muss klar sein, welche Personen in welcher Beziehung zueinander stehen und in welcher zeitlichen Reihenfolge die Abläufe erfolgt sind.

## 3. Fallfrage

Die Fallfrage entscheidet darüber, was konkret geprüft werden soll. Häufig wird der Umfang der zu prüfenden Tatsachen durch die Frage eingeschränkt. Die gestellte Frage ist zu beantworten, nicht weniger aber auch nicht mehr. Bezüglich der Fallfrage lassen sich unterschiedliche **Aufgabentypen** unterscheiden.

Der weitaus häufigste Fall in zivilrechtlichen Klausuren ist die **Prüfung von Ansprüchen**. Dabei ist von folgender Fragestruktur auszugehen:

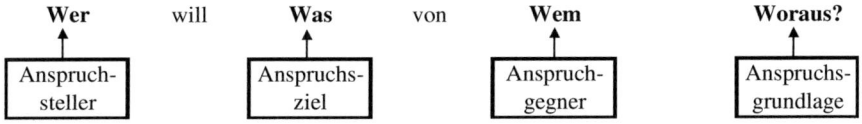

Die Fallfrage kann unterschiedlich konkretisiert sein. Insbesondere kommen folgende Formen vor:

*„Wie ist die Rechtslage?"*

Hier sind alle in Betracht kommenden Ansprüche zwischen allen Beteiligten zu prüfen. Dazu ist es notwendig, eine Aufteilung in Zweipersonenverhältnisse (Wer von Wem) vorzunehmen und für jedes Zweipersonenverhältnis die möglichen Anspruchsziele (Was) und deren mögliche Anspruchsgrundlagen (Woraus) zu ermitteln.

*„Was kann K von V verlangen?"*

Es sind alle Ansprüche (Was) und deren mögliche Anspruchsgrundlagen (Woraus) des K (Wer) gegen V (von Wem) zu prüfen.

*„Hat V gegen K einen Anspruch auf Kaufpreiszahlung?"*

Hier ist nur der Anspruch des V (Wer) gegen K (von Wem) auf Kaufpreiszahlung (Was) aufgrund des § 433 II BGB (Woraus) zu prüfen.

Eine weniger häufige, aber auch mögliche Fragestellung kann darauf gerichtet sein, **festzustellen, ob eine bestimmte Rechtslage vorliegt**. Häufig ist hierbei festzustellen, ob ein **Gestaltungsrecht** besteht bzw. richtig ausgeübt wurde. Typische Fragestellungen sind **z.B.:**

*„Kann A anfechten?"*
*„Ist die Forderung durch Aufrechnung erloschen?"*
*„Ist die Erklärung wirksam?"*

Denkbar ist auch, dass die **Wirksamkeit** einer Vereinbarung zu prüfen ist, **z.B.:**

*„Ist der zwischen V und K vereinbarte Gewährleistungsausschluss wirksam?"*

Schließlich kann die Frage auf eine bestimmte **Rechtsposition** gerichtet sein, **z.B.:**

*„Wer ist Eigentümer?"*

Bei der Feststellung, ob eine bestimmte Rechtslage vorliegt, ist genau von den jeweiligen gesetzlichen Voraussetzungen auszugehen, die nacheinander durchzuprüfen sind.

## 4. Lösungsaufbau festlegen

Sind Sachverhalt und Fallfrage erfasst und erforderlichenfalls in Zweipersonenverhältnisse aufgespalten und die möglichen Anspruchsziele ermittelt (**Wer** will **Was** von **Wem**?) sollte vor der Ausformulierung der Lösungsaufbau festgelegt werden (Gliederung).

Dazu sind mögliche Anspruchsgrundlagen zu suchen und in der Prüfreihenfolge zu ordnen. Eine Anspruchsgrundlage ist eine Rechtsnorm, die das Recht begründet, von einem Anderen ein Tun oder Unterlassen zu verlangen (Definition des § 194 I BGB).

Dabei kommen unterschiedliche Anspruchsgrundlagen in Betracht. Wichtige Arten sind insbesondere:

1. **Vertragliche Primäransprüche**, z.B. § 433 BGB, § 535 BGB, § 631 BGB
2. **Schadensersatzansprüche**, insbesondere § 280 BGB, § 823 BGB
3. **Herausgabeansprüche**, § 985 BGB, § 812 BGB

Kommen für ein Anspruchsziel **mehrere Anspruchsgrundlagen** in Betracht, so sind diese in folgender **Reihenfolge** zu prüfen:

1. Ansprüche aus Vertrag
   a) Erfüllungsanspruch (z.b. § 433 BGB, § 535 BGB, § 631 BGB)
   b) Schadensersatzanspruch (insb. § 280 BGB)
2. Ansprüche aus vertragsähnlichen Verhältnissen
   a) c.i.c. (§§ 280 I, 311 II, 241 II BGB)
   b) Ansprüche aus § 122 BGB, § 179 BGB)
   c) GoA (§§ 677 ff. BGB)
3. Ansprüche aus Gesetz
   a) Dingliche Ansprüche (z.b. § 985 BGB)
   b) Unerlaubte Handlung (§§ 823 ff. BGB)
   c) Ungerechtfertigte Bereicherung (§§ 812 ff. BGB)

Bei den einzelnen Anspruchsgrundlagen, die für den Sachverhalt relevant sind, ist nach dem **Grundschema**

- Anspruch entstanden?
- Anspruch erloschen?
- Anspruch durchsetzbar?

vorzugehen.

Bei der **Entstehung** des Anspruchs ist insbesondere zu prüfen, ob die Anspruchsvoraussetzungen, bei vertraglichen Ansprüchen z.B. übereinstimmende Willenserklärungen (§§ 145 ff. BGB), Zugang (§ 130 BGB) usw. gegeben sind. Weiterhin ist zu überprüfen, ob die Entstehung von Anfang an verhindert wird, etwa wegen fehlender Geschäftsfähigkeit (§§ 104 ff. BGB), Formnichtigkeit (§ 125 BGB), Gesetz- oder Sittenwidrigkeit (§§ 134, 138 BGB) oder fehlender Vertretungsmacht (§§ 164 ff. BGB).

Anschließend ist zu prüfen, ob der **Anspruch** nachträglich aufgrund einer rechtsvernichtenden Einwendung **erloschen** ist. In Betracht kommen z.B. Erfüllung bzw. Erfüllungssurrogate (§§ 362 ff. BGB), Unmöglichkeit (§ 275 I BGB), Aufrechnung (§§ 387 ff. BGB), Rücktritt (§§ 346 ff. BGB) oder Kündigung (z.B. § 314 BGB).

Schließlich ist zu prüfen, ob der Anspruch **durchsetzbar** ist. Durchsetzbar ist der Anspruch insbesondere nicht, wenn er noch nicht fällig ist oder Anspruchsgegner zu Recht eine **Einrede** erhebt, z.B. die Einrede der Verjährung (§ 214 BGB) oder die Einrede des nichterfüllten Vertrags (§ 320 BGB).

## II.    Gutachten- und Urteilsstil

Bei der Formulierung der Lösung gibt es zwei Darstellungsformen: der **Gutachtenstil** und der **Urteilsstil**. Der wesentliche Unterschied liegt im Aufbau der Lösung.

Der Gutachtenstil führt den Leser ausgehend von einer Hypothese (Obersatz) über die Prüfung der einzelnen Voraussetzungen zum Ergebnis.

**Beispiel:**
V könnte gegen K einen Anspruch auf Zahlung von 1.000 € aus § 433 II BGB haben. Dazu müsste zwischen V und K ein wirksamer Kaufvertrag bestehen. Voraussetzung hierfür ist ...

Beim Urteilsstil wird demgegenüber das Ergebnis vorangestellt und dann begründet.

**Beispiel:**
V hat gegen K einen Anspruch auf Zahlung von 1.000 € aus § 433 II BGB, weil
...

Da bei Klausuren die Lösung eines unbekannten Falls erarbeitet werden soll, ist **generell der Gutachtenstil** zu verwenden. Lediglich bei völlig unproblematischen Sachverhalten ist es überflüssig, die bereits feststehenden Punkte im Gutachtenstil zu prüfen, hier kann verkürzt formuliert werden. Gibt der Sachverhalt z.B. bereits vor, dass V und K einen Kaufvertrag abgeschlossen haben, wäre es überflüssig zu schreiben: „Zwischen V und K könnte ein Kaufvertrag zustande gekommen sein. Dazu müsste ... ", vielmehr ist es ausreichend zu schreiben: „Zwischen V und K besteht ein Kaufvertrag. Zu prüfen ist jedoch, ob ...".

**Ausgangspunkt** für eine Lösung im Gutachtenstil ist die **Fallfrage** (Wer will Was von Wem Woraus?), die in Form des **Obersatz**es formuliert wird.

**Beispiel:**
V könnte gegen K einen Anspruch auf Zahlung von 1.000 € aus § 433 II BGB haben.

Dabei ist darauf zu achten, dass die Anspruchsgrundlage **präzise** mit Absatz, ggf. Satz, Halbsatz, Alternative usw. zitiert wird.

Danach sind die **Voraussetzungen** der Anspruchsgrundlage **aufzuzeigen**, zu **definieren** und der tatsächliche Sachverhalt mit der Definition zu **vergleichen** (Subsumtion). Dabei ist im Ergebnis festzuhalten, ob die Voraussetzungen erfüllt sind. Diese Schritte sind i.d.R. mehrfach zu wiederholen, bis alle Anspruchsvoraussetzungen geprüft sind.

Grundlage ist das in Pkt. I. 4. angegebene **Grundschema** (Anspruch entstanden – Anspruch erloschen – Anspruch durchsetzbar), wobei unproblematische (z.B. in der Lösung vorgegebene) Punkte kurzgefasst bzw. weggelassen werden.

Die Verfahrensweise soll nun an einigen einfachen Beispielen verdeutlicht werden.

## III.   Beispiele

**Sachverhalt 1:**

Obwohl die Eltern des 17jährigen Sebastian mehrfach erklärt haben, sie würden dem Kauf eines Mopeds niemals zustimmen, kauft dieser bei Victor, der ihn für volljährig hält, ein gebrauchtes Moped für 900 €.

Nach längeren Verhandlungen ist Victor bereit, dem Sebastian das Moped gegen das Versprechen, den Kaufpreis am nächsten Tag zu bezahlen, bereits zu übergeben. Am nächsten Tag bringt Sebastian nach heftigem Streit mit seinen Eltern auf deren Verlangen das Moped zu Victor zurück und weigert sich den Kaufpreis zu bezahlen.

Kann Victor von Sebastian Zahlung von 900 € verlangen?

**Lösung Sachverhalt 1:**

Victor könnte gegen Sebastian einen Anspruch auf Zahlung von 900 € aus § 433 II BGB haben.

Dazu müsste zwischen Victor und Sebastian ein wirksamer Kaufvertrag bestehen.

Laut Sachverhalt wurde zwischen Victor und Sebastian ein Kaufvertrag durch übereinstimmende Willenserklärungen abgeschlossen. Fraglich ist aber, ob die von Sebastian abgegebene Willenserklärung wirksam ist, da Sebastian bei der Abgabe der Willenserklärung das 18. Lebensjahr noch nicht vollendet hatte und somit gemäß §§ 2, 106 BGB beschränkt geschäftsfähig war.

Nach § 107 BGB bedarf die Willenserklärung eines beschränkt Geschäftsfähigen der Einwilligung des gesetzlichen Vertreters, sofern er durch diese nicht lediglich einen rechtlichen Vorteil erlangt.

Einen lediglich rechtlichen Vorteil erlangt der Minderjährige, wenn er durch das Rechtsgeschäft Rechte, aber keine Pflichten begründet. Sebastian und Victor haben einen Kaufvertrag abgeschlossen, der nach § 433 II BGB den Käufer zur Zahlung des Kaufpreises verpflichtet. Somit ist der Kaufvertrag für den minderjährigen Sebastian nicht lediglich vorteilhaft und Sebastian benötigt die Einwilligung des gesetzlichen Vertreters.

Gesetzliche Vertreter des Sebastian sind gemäß § 1629 BGB die Eltern. Möglicherweise ist die Willenserklärung des Sebastian mit deren Einwilligung abgegeben worden und wäre somit wirksam nach § 107 BGB. Eine Einwilligung ist gemäß § 183 S. 1 BGB die Zustimmung vor Abgabe der Willenserklärung. Die Eltern haben dem Sebastian vor dem Kauf erklärt, sie würden dem Kauf eines Mopeds niemals zustimmen, damit haben sie nicht eingewilligt. Somit ist die Willenserklärung des Sebastian nicht nach § 107 BGB wirksam.

Die Willenserklärung des Sebastian könnte jedoch nach § 108 I BGB durch Genehmigung der Eltern wirksam geworden sein. Genehmigung ist gemäß § 184 I BGB die nachträgliche Zustimmung. Indem die Eltern des Sebastian von ihm die Rückgabe des Mopeds verlangen, verweigern sie die Genehmigung. Damit ist die von Sebastian abgegebene Willenserklärung und somit auch der Kaufvertrag unwirksam.

Folglich hat Victor gegen Sebastian keinen Anspruch auf Zahlung von 900 € aus § 433 II BGB.

**Hinweise:**
Der vorliegende, recht einfache Fall erfordert innerhalb des Grundschemas nur die Abarbeitung der Frage, ob der Anspruch entstanden ist. Da vorliegend kein Anspruch entstanden ist, erübrigen sich die folgenden beiden Schritte.

Da die Einigung der Vertragspartner laut Sachverhalt vorgegeben ist, ist dies nicht weiter zu überprüfen. Der Schwerpunkt liegt somit bei der Problematik der Geschäftsfähigkeit.


**Sachverhalt 2:**

Historiker Rudolf, der sich besonders für die Geschichte des 19. Jahrhunderts interessiert, fragt telefonisch bei dem Antiquar Alt nach, ob dieser das dreibändige Lehrbuch des Autors Wilhelm in einem guten Zustand in seinem Bestand habe. Alt bejaht das und schlägt vor, dem Rudolf die drei Bände zur Ansicht zu schicken. Am 1. September schickt Alt die Bücher in einem Paket zu Rudolf, welches dieser am 4. September erhält. Den Büchern fügt er einen Brief bei, in dem es u.a. heißt: „Sehr geehrter Herr Rudolf, in der Anlage übersende ich Ihnen die gewünschten Bücher. Sollten Sie an einem Erwerb interessiert sein, so bitte ich Sie, mir das bis zum 1. Oktober mitzuteilen. Der Kaufpreis würde 210 € betragen".

Erst am 4. Oktober entschließt sich Rudolf, die Bücher zu kaufen und teilt dies dem Alt mit, der das Schreiben am 6. Oktober erhält. Mit Schreiben vom 7. Oktober, welches Rudolf am 8. Oktober erhält, schreibt der Alt, er akzeptiere die Entscheidung des Rudolf trotz der Verspätung noch, Rudolf möge die 210 € auf das von Alt angegebene Konto überweisen. Als Rudolf am 10. Oktober bei einem anderen Händler das dreibändige Lehrbuch für 160 € entdeckt, meint er, dass er sich wegen der verspäteten Annahme noch anders entscheiden könne. Rudolf sendet die Bücher an Alt zurück und verweigert die Zahlung des Kaufpreises.

Zu Recht?

**Lösung Sachverhalt 2:**

Alt könnte gegen Rudolf einen Anspruch auf Zahlung von 210 € und Abnahme der Bücher aus § 433 II BGB haben.

Dazu müsste zwischen Alt und Rudolf ein wirksamer Kaufvertrag zustande gekommen sein. Dies setzt zunächst ein Angebot gemäß § 145 BGB voraus, welches nach §§ 147 ff. BGB angenommen wurde.

Ein Angebot ist eine an eine konkrete Person mit Bindungswillen abgegebene Willenserklärung, die auf den Abschluss eines Vertrags gerichtet ist und die Vertragsbedingungen soweit konkretisiert, dass eine Annahme durch einfaches „Ja" erfolgen kann.

Fraglich ist, ob in der telefonischen Anfrage des Rudolf ein Angebot zu sehen ist. Rudolf wollte zunächst nur klären, ob und in welchem Zustand das Lehrbuch bei Alt verfügbar ist. Damit fehlt der auf einen Vertragsabschluss gerichtete Bindungswillen. Weiterhin fehlt bei dem Telefonanruf mit der Angabe des Kaufpreises eine vertragsnotwendige Angabe. Ein Angebot liegt somit nicht vor.

Indem Alt dem Rudolf vorschlägt, ihm die Bücher zur Ansicht zuzusenden, gibt er mangels Bindungswillen und hinreichender Konkretisierung ebenfalls kein Angebot ab.

Möglicherweise könnte jedoch der mit dem Paket übermittelte Brief ein Angebot des Alt darstellen. Alt nimmt in dem Schreiben Bezug auf Rudolf als Vertragspartner, die Bücher als Kaufgegenstand und nennt den Preis. Damit sind alle vertragsnotwendigen Angaben gemacht. Da Alt auch erkennen lässt, dass er sich vertraglich binden will, liegt ein Angebot gemäß § 145 BGB vor.

Für das Zustandekommen des Kaufvertrags ist weiterhin erforderlich, dass Rudolf das Angebot des Alt angenommen hat. Mit dem Schreiben vom 4. Oktober teilt Rudolf dem Alt mit, dass er die Bücher kaufen wolle. Damit hat er gegenüber dem Alt die Annahme erklärt.

Problematisch ist aber, ob Rudolf das Angebot des Alt rechtzeitig angenommen hat. Alt hatte sein Angebot bis zum 1. Oktober befristet, so dass nach § 148 BGB die Annahme nur bis zu diesem Tag erfolgen konnte. Da die Annahme eine empfangsbedürftige Willenserklärung ist, kommt es dabei gemäß § 130 I BGB auf den Zugang an. Der Zugang erfolgte am 6. Oktober, mithin verspätet, so dass das Angebot des Alt zu diesem Zeitpunkt nach § 146 BGB bereits erloschen war.

Ein Vertrag könnte jedoch durch die Mitteilung des Alt, er akzeptiere die Entscheidung des Rudolf, zustande gekommen sein.

Gemäß § 150 I BGB gilt eine verspätete Annahme als neues Angebot. Das Schreiben des Rudolf vom 4. Oktober ist also seinerseits ein neues, auf den Abschluss des angestrebten Kaufvertrags gerichtetes Angebot. Mit dem Schreiben des Alt vom 7. Oktober erfolgt die Annahme.

Die Annahme müsste ferner rechtzeitig erfolgt sein. Gemäß § 147 II BGB kann ein Angebot unter Abwesenden bis zu dem Zeitpunkt angenommen werden, in dem der Eingang der Antwort unter regelmäßigen Umständen erwartet werden kann. Zu berücksichtigen ist dabei insbesondere die Postlaufzeit, unter regelmäßigen Umständen 1 bis 2 Tage, sowie eine angemessene Zeit für die Formulierung der Antwort. Die dem Rudolf am 8. Oktober zugegangene Annahme des Alt war somit auch rechtzeitig.

Damit ist zwischen Alt und Rudolf ein wirksamer Kaufvertrag über das dreibändige Lehrbuch für 210 € zustande gekommen.

Gründe, die zum Erlöschen des Kaufvertrags geführt haben könnten, sind dem Sachverhalt nicht zu entnehmen. Der Kaufpreisanspruch ist gemäß § 271 I BGB auch fällig und damit durchsetzbar.

Folglich hat Alt gegen Rudolf einen Anspruch auf Zahlung von 210 € und Abnahme der Bücher aus § 433 II BGB.


**Hinweise:**
Bei diesem Fall steht das Zustandekommen des Kaufvertrags durch Angebot und Annahme im Mittelpunkt. Wichtig ist dabei insbesondere, die einzelnen abgegebenen Erklärungen dahingehend zu prüfen, ob Angebot bzw. Annahme vorliegen. Unbedingt ist dazu die im Sachverhalt angegebene zeitliche Reihenfolge einzuhalten. Speziell bei den Annahmeerklärungen ist jeweils zu prüfen, inwieweit die Annahme rechtzeitig erfolgt ist.

**Sachverhalt 3:**

Student Jürgen Jung hat gerade die Klausur im Schuldrecht erfolgreich absolviert. Um sich eine „Belohnung" zu gönnen, begibt er sich in das Warenhaus des Volker Vogel in Erfurt, um sich dort einen Flachbildschirmfernseher zu kaufen.

Nachdem er sich beraten lassen und mehrere Modelle begutachtet hat, entschließt er sich, zunächst noch nichts zu kaufen, um sich zu Hause alles noch einmal überlegen zu können. Er lässt sich jedoch einen Katalog des Vogel über die verfügbaren Modelle aushändigen.

Aus dem Katalog des Vogel bestellt er am 01.07. unter Verwendung eines Bestellformulars des Vogel ein Gerät der Marke Haitachi zum Preis von 1.500 €. Vogel erklärt daraufhin am 03.07. per Brief, er werde das Gerät so schnell wie möglich anliefern.

Nach ordnungsgemäßer Lieferung des richtigen Gerätes verlangt Vogel von Jung die Zahlung von 1.500 €. Jung beruft sich zutreffend darauf, dass Vogel ihm noch 1.500 € für eine Aushilfstätigkeit in den Semesterferien im Geschäft des Vogel schuldet, für die Vogel den Jung eingestellt hatte. Deshalb werde er nicht zahlen.

Vogel verlangt gleichwohl von Jung die Zahlung von 1.500 €. Zu Recht?

**Lösung Sachverhalt 3:**

Vogel könnte gegen Jung einen Anspruch auf Zahlung von 1.500 € aus § 433 II BGB haben.

I.  Entstehung des Anspruchs
    Dann müsste zwischen Vogel und Jung ein wirksamer Kaufvertrag bestehen. Indem Jung unter Verwendung des Bestellformulars des Vogel das Fernsehgerät bestellt, unterbreitet er ein Angebot gemäß § 145 BGB, welches Vogel durch die Erklärung, er werde die Anlage so schnell wie möglich liefern, gemäß § 147 II BGB fristgerecht annimmt.

Somit ist der Anspruch des Vogel gegen Jung auf Zahlung von 1.500 € aus Kaufvertrag gemäß § 433 II BGB entstanden und nach § 271 BGB fällig.

II. Erlöschen des Anspruchs
    Der Anspruch könnte jedoch durch Aufrechnung des Jung gemäß § 389 BGB erloschen sein. Das ist der Fall, wenn Jung seine Forderung gegen die Forderung des Vogel wirksam aufgerechnet hat.

1.  Aufrechnungslage § 387 BGB
    Die Wirksamkeit der Aufrechnung setzt eine Aufrechnungslage nach § 387 BGB voraus. Dazu müssten Jung und Vogel einander gegenseitig gleichartige, durchsetzbare Leistungen schulden.
    Jung müsste im Zeitpunkt der Aufrechnung eine ihm gebührende Leistung Verlangen können. Laut Sachverhalt hat Jung gegen Vogel einen Zahlungsanspruch i.H.v. 1.500 € aus dem Arbeitsvertrag gemäß § 611a II BGB. Der Zahlungsanspruch war § 614 1 BGB nach der Leistung der Dienste zu entrichten und somit fällig.
    Dem Anspruch des Jung gegen Vogel steht der ebenfalls fällige Anspruch des Vogel gegen Jung auf Zahlung von 1.500 € aus Kaufvertrag gemäß § 433 II BGB gegenüber (vgl. I.).

Eine Aufrechnungslage gemäß § 387 BGB liegt somit vor.

2.  Aufrechnungserklärung
    Jung müsste weiterhin nach § 388 BGB gegenüber Vogel die Aufrechnung erklärt haben. Indem Jung unter Berufung auf die ihm zustehende Forderung erklärt, er werde nicht zahlen, erklärt er die Aufrechnung. Zwar wird dies nicht wörtlich erklärt, die Auslegung gemäß § 133 BGB ergibt jedoch, dass mit seiner Äußerung, er werde wegen der ihm zustehenden Forderung nicht zahlen, die Aufrechnung erklärt wird.

3. Kein Aufrechnungsausschluss

Gründe für einen Ausschluss der Aufrechnung nach §§ 390 ff. sind nicht ersichtlich.

Somit ist der Anspruch des Vogel gegen Jung auf Zahlung von 1.500 € gemäß § 433 II BGB durch wirksame Aufrechnung nach § 389 erloschen.

III. Ergebnis

Vogel kann von Jung die Zahlung von 1.500 € nicht verlangen, da der Anspruch durch Aufrechnung des Jung gemäß § 389 BGB erloschen ist.

**Hinweise:**

Die Entstehung des Anspruchs muss nur kurz thematisiert werden, da der Vertragsabschluss relativ unproblematisch ist.

Der Hauptschwerpunkt der Lösung liegt deshalb auf der Frage, ob der Anspruch durch Aufrechnung erloschen ist. Eine Aufrechnung ist, wie vorliegend dargestellt, möglich und durch Aufrechnungserklärung erfolgt.

Die Lösung ist in die drei Prüfschritte gegliedert, um die Übersichtlichkeit zu verbessern.

**Sachverhalt 4:**

Der Justizbeamte Julius Richter beabsichtigt, seinen gebrauchten Pkw, zwölf Jahre alt, mit einer Laufleistung von 200.000 km, der aber optisch und technisch einwandfrei ist, zu verkaufen. Zu diesem Zweck besorgt er sich aus einem Schreibwarengeschäft einen vorgedruckten Gebrauchtwagenkaufvertrag, der dort in großen Mengen zum Verkauf bereitliegt und in den nur noch die Personalien der Vertragsparteien sowie die Daten des Fahrzeugs und der Preis eingesetzt werden müssen. In diesem Vertrag heißt es unter anderem, dass das Fahrzeug „unter Ausschluss der Gewährleistung, mit Ausnahme der Haftung für grob fahrlässige oder vorsätzliche Pflichtverletzung sowie bei Verletzung von Leben, Körper oder Gesundheit" verkauft werde.

Am 3. Februar verkauft Richter den Wagen an den Bankangestellten Albert Zählmann, der den Wagen als Geschenk für seine Tochter zur bestandenen Führerscheinprüfung zum Preis von 1.000 € erwirbt. Er besteht auf Verwendung des von ihm mitgebrachten Vertragsformulars.

Nachdem die Tochter des Zählmann bis zum 11. Juli mit dem Wagen etwa 1.000 km gefahren ist, tritt infolge Verschleißes ein kapitaler Motorschaden auf.

Zählmann wendet sich an Richter und erklärt diesem, er mache Gewährleistungsansprüche geltend. Richter weist diese unter Berufung auf den vertraglichen Gewährleistungsausschluss zurück.

Ist der Gewährleistungsausschluss wirksam?

**Lösung Sachverhalt 4:**

Der Gewährleistungsausschluss könnte nach § 309 Nr. 8 b) aa) BGB unwirksam sein. Dazu müsste es sich um eine unzulässige Klausel in Allgemeinen Geschäftsbedingungen (AGB) handeln.

Voraussetzung ist somit zunächst, dass es sich um AGB handelt. AGB liegen nach § 305 I BGB vor, wenn vorformulierte Vertragsbedingungen für eine Vielzahl von Verträgen Verwendung finden. Die im Formularvertrag vorgegebenen Bedingungen sind vorformuliert. Das Formular ist für die Verwendung in vielen Verträgen bestimmt.

Außerdem müssten die Vertragsbedingungen von einer Partei gestellt worden sein. Indem der Verkäufer auf die Verwendung des Formulars besteht, stellt er die Vertragsbedingungen der anderen Vertragspartei.

Somit handelt es sich um AGB gemäß § 305 I BGB.

Die AGB müssten weiterhin gem. § 305 II BGB Bestandteil des abgeschlossenen Vertrags geworden sein. Dazu müssten ein ausdrücklicher Hinweis auf die AGB bei Abschluss des Vertrags erfolgt sein, die Möglichkeit der Kenntnisnahme durch den Käufer bestanden haben und dieser mit der Geltung einverstanden gewesen sein. Indem die AGB in den Vertrag direkt aufgenommen wurden, erfolgt ein Hinweis an den Käufer gem. § 305 II Nr. 1 BGB. Der Käufer hatte die Möglichkeit die Vertragsbedingungen zu lesen und damit von ihrem Inhalt Kenntnis zu nehmen, § 305 II Nr. 2 BGB. Dass er von dieser Möglichkeit keinen Gebrauch gemacht hat, ist unerheblich. Da der Käufer den Vertrag ohne Vorbehalte unterschrieben hat, war er mit der Geltung der AGB einverstanden. Somit sind die AGB gem. § 305 II BGB Bestandteil des Vertrags geworden.

Die Klausel könnte jedoch gegen das Verbot des § 309 Nr. 8 b) aa) BGB verstoßen und damit unwirksam sein.

Dazu müsste es sich gem. § 309 Nr. 8 b) BGB zunächst um einen Vertrag über die Lieferung neu hergestellter Sachen handeln. Abgeschlossen war ein Kaufvertrag, der den Verkäufer nach § 433 I BGB zur Übergabe und Übereignung, also Lieferung einer Sache verpflichtet. Verkauft wurde ein gebrauchter Pkw. Ein Vertrag über die Lieferung neu hergestellter Sachen liegt somit nicht vor. Damit ist das Klauselverbot des § 309 Nr. 8 b) aa) BGB nicht anwendbar und somit die Klausel nicht nach dieser Bestimmung unwirksam.

Der Gewährleistungsausschluss könnte jedoch nach § 444 BGB unwirksam sein, wenn Richter einen Mangel arglistig verschwiegen oder eine Garantie gegeben hätte. Von einer Garantie ist mangels entsprechender Angaben im Sachverhalt nicht auszugehen. Arglistiges Verschweigen liegt vor, wenn der Verkäufer einen Mangel bewusst verschweigt und dadurch eine für die Willenserklärung des Käufers erhebliche falsche Vorstellung erweckt.

Dies setzt zunächst voraus, dass überhaupt ein Mangel vorliegt. Ein Mangel könnte darin zu sehen sein, dass dem Pkw gemäß § 434 I Nr. 2 BGB die üblicherweise nach der Art der Sache zu erwartende Beschaffenheit fehlt. Bei einem 12 Jahre alten Pkw mit einer Laufleistung von 200.000 km sind verschleißbedingte Ausfälle aber durchaus üblicherweise zu erwarten. Damit weist das Fahrzeug nach § 434 I Nr. 2 BGB keinen Mangel auf. Weiterhin wäre für Arglist Kenntnis des Verkäufers erforderlich, dies ist dem Sachverhalt nicht zu entnehmen.

Damit ist der Gewährleistungsausschluss auch nicht nach § 444 BGB unwirksam.

Folglich ist der vertraglich vereinbarte Gewährleistungsausschluss wirksam.


**Hinweise:**
Der vorliegende Fall verlangt nach der Fallfrage nur, die Wirksamkeit des Gewährleistungsausschlusses zu prüfen. Dazu muss man zunächst erkennen, dass hier AGB-Recht einschlägig sein könnte. Somit ist zunächst zu klären, ob AGB vorliegen und ob diese in den Vertrag einbezogen worden sind. Erst danach kann geprüft werden, ob ein Verstoß gegen ein Klauselverbot vorliegt.

**Sachverhalt 5:**

Kurt hat bei Valentin 3.000 Liter Heizöl für sein Einfamilienhaus für 2.000 €
bestellt, dieser sagt die Lieferung zu. Die Lieferung sollte am 1. Oktober bis 12
Uhr erfolgen.

Da die Tochter des Kurt in der Nacht zum 1. Oktober an einer eitrigen Blind-
darmentzündung erkrankte, musste er sie sofort am Vormittag des 1. Oktober in
ein Krankenhaus einliefern, damit die dringend notwendige Operation durchgeführt werden konnte. Kurt blieb im Krankenhaus in der Nähe seiner Tochter, um
das Ergebnis der Operation zu erfahren. Infolge der durch die Erkrankung der
Tochter bedingten Aufregung hatte er vergessen, dass Valentin am 1. Oktober
vormittags Heizöl anliefern sollte.

Valentin war mit dem Heizöl pünktlich vorgefahren, konnte es aber nicht abliefern, da im Hause des Kurt niemand anzutreffen war. Beim Rücktransport verursacht der LKW-Fahrer durch leichte Fahrlässigkeit einen Unfall, bei dem das
Heizöl auslief.

a) Hat Kurt Anspruch auf erneute Lieferung des Heizöls?

b) Kann Valentin von Kurt die Bezahlung des Heizöls verlangen?

**Lösung Sachverhalt 5:**

a) Anspruch des Kurt auf Lieferung

I. Entstehung des Anspruchs
Kurt könnte gegen Valentin einen Anspruch auf Lieferung der 3.000 Liter Heizöl aus § 433 I S. 1 BGB haben.

Dazu müsste zwischen Kurt und Valentin ein wirksamer Kaufvertrag zustande gekommen sein. Voraussetzung ist, dass ein Angebot gemäß § 145 BGB vorliegt, welches nach §§ 147 ff. BGB angenommen wurde.

Ein Angebot ist eine an eine konkrete Person mit Bindungswillen abgegebene Willenserklärung, die auf den Abschluss eines Vertrags gerichtet ist und die Vertragsbedingungen soweit konkretisiert, dass eine Annahme durch einfaches „Ja" erfolgen kann. In der Bestellung des Kurt ist ein Angebot gemäß § 145 BGB zu sehen, da diese mit Bindungswillen an eine konkrete Person abgegeben wurde und alle vertragwesentlichen Angaben enthält. Mit seiner Zusage nimmt Valentin das Angebot an.

Damit ist zwischen Kurt und Valentin ein wirksamer Kaufvertrag zustande gekommen, welcher Valentin zur Lieferung der 3.000 Liter Heizöl verpflichtet.

II. Erlöschen des Anspruchs
Der Anspruch auf Übergabe und Übereignung des Heizöls gemäß § 433 I S. 1 BGB könnte jedoch nach § 275 I BGB erloschen sein. Dazu müsste die Übergabe und Übereignung des Heizöls dem Valentin oder jedermann unmöglich sein. Fraglich ist jedoch, ob eine Unmöglichkeit gemäß § 275 I BGB vorliegt, da es sich bei dem Heizöl möglicherweise um eine Gattungsschuld gemäß § 243 I BGB handelt. Kurt hatte sich Heizöl bestellt, somit keine individuellen Sachen. Valentin hatte somit Ware mittlerer Art und Güte zu liefern, es liegt eine Gattungsschuld nach § 243 I BGB vor.

Aus der Gattungsschuld könnte jedoch durch Konkretisierung nach § 243 II BGB eine Stückschuld geworden sein. Dazu müsste Valentin das seinerseits zur Leistung erforderliche getan haben. Da das Öl nur beim Käufer in den Tank gefüllt werden kann, also am Sitz des Gläubigers, liegt eine Bringschuld vor. Konkretisierung erfordert somit das Angebot der Leistung am Sitz des Kurt. Indem Valentin dem Kurt das Heizöl zum vereinbarten Fälligkeitstermin abliefern will, hat er das seinerseits erforderliche zur Leistung getan. Somit schuldet er gemäß § 243 II BGB nur noch das konkret angebotene Heizöl.

Da dieses Heizöl ausgelaufen ist, ist es jedermann unmöglich, dieses zu übergeben und zu übereignen. Valentin wird folglich nach § 275 I BGB von seiner Leistungspflicht befreit.

Der Anspruch auf Übergabe und Übereignung des Heizöls gemäß § 433 I S. 1 BGB ist somit nach § 275 I BGB entfallen.

b) Anspruch des Valentin auf Bezahlung

I. Entstehung des Anspruchs
Zwischen Kurt und Valentin besteht laut Sachverhalt ein Kaufvertrag. Somit hat Kurt gegen Valentin einen Anspruch auf Bezahlung des Kaufpreises gemäß § 433 II BGB.

II. Erlöschen des Anspruchs
Der Anspruch auf die Gegenleistung ist aber nach §§ 275 IV, 326 I BGB an sich entfallen, da der Schuldner nach § 275 I BGB von seiner Leistungspflicht befreit wird.

Möglicherweise bleibt der Anspruch auf die Gegenleistung jedoch nach § 326 II BGB bestehen. Dazu müsste sich zunächst der Gläubiger im Annahmeverzug befunden haben. Erforderlich ist dazu gemäß §§ 293, 294 BGB, dass der Valentin als Schuldner dem Kurt die Leistung so, wie sie zu erbringen war, tatsächlich angeboten hat. Indem Valentin dem Kurt das Heizöl zum Fälligkeitstermin abliefern will, hat er die Leistung ordnungsgemäß angeboten. Weiterhin müsste Kurt die Leistung nicht abgenommen haben. Indem Kurt nicht anwesend ist und abnimmt, gerät er somit in Annahmeverzug.

Außerdem müsste eine nicht vom Schuldner zu vertretende Unmöglichkeit vorliegen. Laut Sachverhalt hat Valentin fahrlässig und somit schuldhaft i.S.d. § 276 I BGB gehandelt. Seine Haftung ist jedoch nach § 300 I BGB ausgeschlossen, da er nur leicht fahrlässig gehandelt hat und sich Kurt im Annahmeverzug befand.

Somit bleibt Kurt zur Bezahlung des Kaufpreises nach § 326 II BGB verpflichtet.

III. Anspruch durchsetzbar
Mangels abweichender Angaben im Sachverhalt ist der Kaufpreisanspruch gemäß § 271 I BGB auch fällig und damit durchsetzbar.

Valentin hat somit gegen Kurt Anspruch auf Bezahlung des Kaufpreises gemäß § 433 II BGB.

**Hinweise:**

In diesem Fall aus dem Leistungsstörungsrecht liegt der Schwerpunkt in der Frage, ob die jeweiligen Ansprüche untergegangen sind, während die Anspruchsentstehung unproblematisch ist und deshalb nur kurz thematisiert wird.

Bedeutsam für Frage a) ist hier die Unterscheidung zwischen Gattungs- und Stückschuld, bei Frage b) die Problematik des Annahmeverzugs und die sich daraus ergebenden Folgen bei Unmöglichkeit.


**Sachverhalt 6:**

Als alleiniger Erbe des verstorbenen Dagobert nimmt dessen Neffe Donald, der seinen Onkel niemals kennen gelernt hat, den Nachlass des Dagobert in Besitz. Zum Nachlass gehört unter anderem eine alte Geige. Donald, der völlig unmusikalisch ist, verkauft die Geige an seine Nachbarin Viola, die leidenschaftliche Violinenspielerin ist, für 1.000 €. Die Geige wird Viola durch Donald gegen Zahlung der 1.000 € übergeben.

Kurze Zeit später wird Donald von einem Bekannten seines verstorbenen Onkels angesprochen. Dieser fragt, ob ihm Donald die Geige des Verstorbenen Onkels für 150.000 € verkaufen würde. Bei der Geige handele es sich um ein Stück des berühmten italienischen Geigenbauers Stradivari.

Donald erklärt darauf hin Viola gegenüber, dass er wegen seines Irrtums den mit ihr abgeschlossenen Vertrag als null und nichtig betrachte und verlangt von ihr die Herausgabe der Geige. Viola verweigert die Rückgabe und meint „Vertrag ist Vertrag".

Kann Donald von Viola die Herausgabe der Geige verlangen?

**Lösung Sachverhalt 6:**

I.  Donald könnte gegen Viola einen Anspruch auf Herausgabe der Geige nach § 985 BGB haben.

Dazu müsste Viola Besitzer der Geige sein. Nach § 854 I BGB wird der Besitz an einer Sache durch die Erlangung der tatsächlichen Gewalt erworben. Durch die Übergabe der Geige an Viola hat diese somit Besitz an der Sache erlangt.

Weiterhin müsste Donald Eigentümer der Geige sein.
Ursprünglich war Dagobert Eigentümer der Geige. Da Donald Alleinerbe des Dagobert war, wurde er nach § 1922 I BGB Eigentümer der Geige.

Donald könnte das Eigentum aber nach § 929 S. 1 BGB an Viola verloren haben. Dazu müsste die Geige an Viola übergeben worden sein und sich beide über den Eigentumsübergang geeinigt haben.

Donald hat die Geige an Viola übergeben. Die Einigung wurde zwar nicht ausdrücklich erklärt, Donald und Viola haben sich aber zumindest konkludent geeinigt, indem die Geige übergeben wurde.

Somit hat Viola nach § 929 S. 1 BGB das Eigentum an der Geige erworben, Donald ist nicht mehr Eigentümer.

Donald hat damit keinen Anspruch auf Herausgabe der Geige nach § 985 BGB.

II. Donald könnte gegen Viola einen Anspruch auf Rückgabe der Geige nach § 812 I S. 1, Alt. 1 BGB haben.

Dazu müsste Viola zunächst etwas erlangt haben. Darunter ist jeder Vermögensvorteil zu verstehen. Viola hat den Besitz und das Eigentum an der Geige erworben und somit i.S.d. § 812 I S. 1 BGB etwas erlangt.

Viola müsste die Geige durch eine Leistung des Donald erlangt haben. Leistung ist jede bewusste Mehrung fremden Vermögens. Indem Donald die Geige der Viola übereignet hat, hat er deren Vermögen bewusst gemehrt. Damit liegt eine Leistung des Donald an Viola vor.

Schließlich darf es keinen Rechtsgrund für die Leistung gegeben haben.

Zwischen Donald und Viola besteht laut Sachverhalt ein Kaufvertrag. Dieser verpflichtet nach § 433 I S. 1 BGB den Donald als Verkäufer zur Übergabe und Übereignung.

Der Kaufvertrag könnte jedoch nach § 142 I BGB von Anfang an nichtig sein, wenn er von Donald zu Recht angefochten wurde.

Dazu müsste Donald gegenüber Viola die Anfechtung des Vertrags erklärt haben, § 143 I, II BGB. Donald erklärt gegenüber Viola, er betrachte den mit ihr abgeschlossenen Vertrag als null und nichtig. Er macht damit deutlich, dass er den Vertrag nicht gegen sich gelten lassen will. Damit ist seine Erklärung nach § 133 BGB als Anfechtung auszulegen.

Weiterhin müsste ein Anfechtungsgrund vorliegen. Donald erklärt die Anfechtung, da er sich geirrt habe. Fraglich ist, ob ein zur Anfechtung berechtigender Irrtum vorliegt.

Ein Inhaltsirrtum nach § 119 I Alt. 1 BGB scheidet aus, da sich Donald über den Inhalt seiner Erklärung, er wolle die Geige für 1.000 € verkaufen, nicht irrte. Er wollte für 1.000 € verkaufen. Auch ein Erklärungsirrtum nach § 119 I Alt 2 BGB liegt nicht vor, da Donald nichts von seinem Willen abweichendes erklärte.

Möglicherweise liegt jedoch ein Eigenschaftsirrtum nach § 119 II BGB vor. Dann müsste sich Donald über eine verkehrswesentliche Eigenschaft geirrt haben und der Irrtum müsste kausal für den Vertragsabschluss gewesen sein.

Als verkehrswesentliche Eigenschaften zählen alle der Sache anhaftenden wertbildenden Merkmale. Dazu gehört u.a. der Hersteller der Sache, sofern dieser wertbestimmend ist. Geigen von Stradivari sind selten und gefragt. Sie erzielen damit auch wesentlich höhere Preise als gleich alte Geigen anderer Hersteller. Dass es sich um eine Stradivari-Geige handelt, ist folglich ein wertbestimmendes Merkmal und somit eine verkehrswesentliche Eigenschaft.

Donald war nicht bekannt, dass es sich um eine von Stradivari hergestellte Geige handelt. Er hat sich somit im Irrtum über eine verkehrswesentliche Eigenschaft befunden.

Bei Kenntnis der Eigenschaft hätte Donald den Vertrag zu den vereinbarten Konditionen nicht abgeschlossen, daher war der Irrtum für den Vertragsabschluss kausal.

Folglich liegt nach § 119 II BGB ein Anfechtungsgrund vor.

Letztlich müsste die Anfechtung nach § 121 I BGB unverzüglich, d.h. ohne schuldhaftes Zögern erfolgt sein. Donald hat die Anfechtung unmittelbar nach Kenntnis des Irrtums und damit unverzüglich i.S.d. § 121 I BGB erklärt. Der Kaufvertrag zwischen Donald und Viola ist somit nach § 142 I BGB von Anfang an nichtig. Somit liegt kein Rechtsgrund für die Leistung des Donald vor.

Donald hat daher gegen Viola einen Anspruch auf Rückgabe der Geige nach § 812 I S. 1, Alt. 1 BGB.

**Hinweise:**
Hauptproblem des vorliegenden Falls ist das Trennungs- und Abstraktionsprinzip. Es muss erkannt werden, dass die Übereignung trotz des Irrtums im Rahmen des Kaufvertrags wirksam ist und somit ein Herausgabeanspruch nach § 985 BGB entfällt. Danach ist der bereicherungsrechtliche Herausgabeanspruch zu prüfen. In diesem Rahmen ist die Prüfung der Anfechtbarkeit vorzunehmen.

# Buchanzeigen

Lutz Völker
Arbeits- und Sozialversicherungsrecht kompakt

Das Arbeitsrecht ist ein sehr dynamisches, komplexes und manchmal schwer zu durchschauendes Rechtsgebiet. Für alle mit Fragen des Arbeitsrechts befassten Personen ist es daher unverzichtbar, ein fundiertes arbeitsrechtliches Grundwissen zu besitzen. Das vorliegende Buch will dazu einen Beitrag leisten, indem es einen kompakten Überblick über das Arbeits- und Sozialversicherungsrecht mit dem Stand von Rechtsprechung und Gesetzgebung bis Anfang 2022 gibt. Alle wesentlichen Teilgebiete des Arbeitsrechts werden unter Berücksichtigung der Rechtsprechung des Bundesarbeitsgerichts dargestellt.

Zielgruppen sind Studenten der Wirtschafts- und Sozialwissenschaften mit personalwirtschaftlichem Schwerpunkt, Teilnehmer von IHK-Lehrgängen zum „Geprüften Personalfachkaufmann" und zum „Geprüften Betriebswirt", sowie Personalverantwortliche in Betrieben.

Nach einer kurzen Darstellung der Grundbegriffe und Rechtsgrundlagen des Arbeitsrechts wird zunächst das Arbeitsvertragsrecht von der Begründung bis zur Beendigung des Arbeitsvertrags dargestellt. Anschließend wird das Arbeitsschutzrecht in Grundzügen behandelt. Der folgende Abschnitt befasst sich mit dem kollektiven Arbeitsrecht, es werden das Betriebsverfassungs-, Mitbestimmungs-, Tarifvertragsrecht sowie das Koalitions- und Arbeitskampfrecht betrachtet. Abschließend wird nach einem Überblick des arbeitsgerichtlichen Verfahrens das Sozialversicherungsrecht in Grundzügen dargestellt.

12. Auflage 2022
Books on Demand GmbH, Norderstedt

ISBN 978-3-8391-8887-3

€ 12,95

Lutz Völker
Unternehmensrecht kompakt

Jedes wirtschaftliche Handeln hat eine rechtliche Dimension. Unternehmen sind einem verbindlichen rechtlichen Rahmen unterworfen. Diesen Rahmen verkörpert das Unternehmensrecht. Eine konkrete Definition dieses Gebiets gibt es nicht. Man kann aber als Unternehmensrecht alle diejenigen Rechtsmaterien verstehen, welche die rechtlichen Rahmenbedingungen der Unternehmenskonstitution und der Beziehungen der Unternehmen zu ihrer Umwelt bestimmen.

Vorliegend werden das Handels- und Gesellschaftsrecht, das Gewerberecht, der gewerbliche Rechtsschutz, das Urheber- und Wettbewerbsrecht sowie das Insolvenzrecht unter dem Begriff Unternehmensrecht eingeordnet. Die Regelungen zum Bürgerlichen Recht und zum Arbeitsrecht – welche zweifellos auch für Unternehmen enorme Bedeutung haben – werden im Rahmen dieses Buchs nicht behandelt, diesbezüglich sei auf die einschlägige Literatur verwiesen.

Zielgruppen sind vor allem Studenten der Wirtschafts- und Sozialwissenschaften und Teilnehmer von IHK-Lehrgängen, z.B. zum „Geprüften Betriebswirt". Das Buch eignet sich auch für Unternehmer und betriebliche Praktiker, die einen kompakten und verständlichen, aber trotzdem fundierten Überblick über das Unternehmensrecht benötigen.

4. Auflage 2017
Books on Demand GmbH, Norderstedt

ISBN 978-3-8448-0602-1

€ 10,95